PRINCIPIANTES

Una publicación para niños principiantes de 6 a 8 años de edad.
Corresponde al año 3 del ciclo de tres años de principiantes.

[alumno]

año
3

cnp

Casa Nazarena de Publicaciones

Publicado por
Casa Nazarena de Publicaciones
17001 Praire Star Parkway
Lenexa, KS 66220 EUA.

informacion@editorialcnp.com • www.editorialcnp.com

David Hayse, Director
Publicaciones Nazarenas Global

Germán Picavea, Editor General
Casa Nazarena de Publicaciones

Patrica Picavea, Editora
Publicaciones Ministeriales

Traducción y adaptación: Johanna Radi
Diseño de la portada: Región MAC

ISBN 978-987-13-40-37-8
© 2006 Todos los derechos reservados

Categoría: Educación cristiana

Primera edición - 2006
Segunda edición - 2007

DIGITAL PRINTING

CONTENIDO

Lo más importante para Jesús

Cortar ✂

1

Cortar ✂

2

Cortar ✂

3

4

Cortar ✂

Maestro: Necesitará una caja de pañuelos por niño.

Maestro: Necesitará 4 platos de 15 cm. de diámetro.

Dibuja o escribe algo que puedas hacer para tener una mejor relación con Dios.

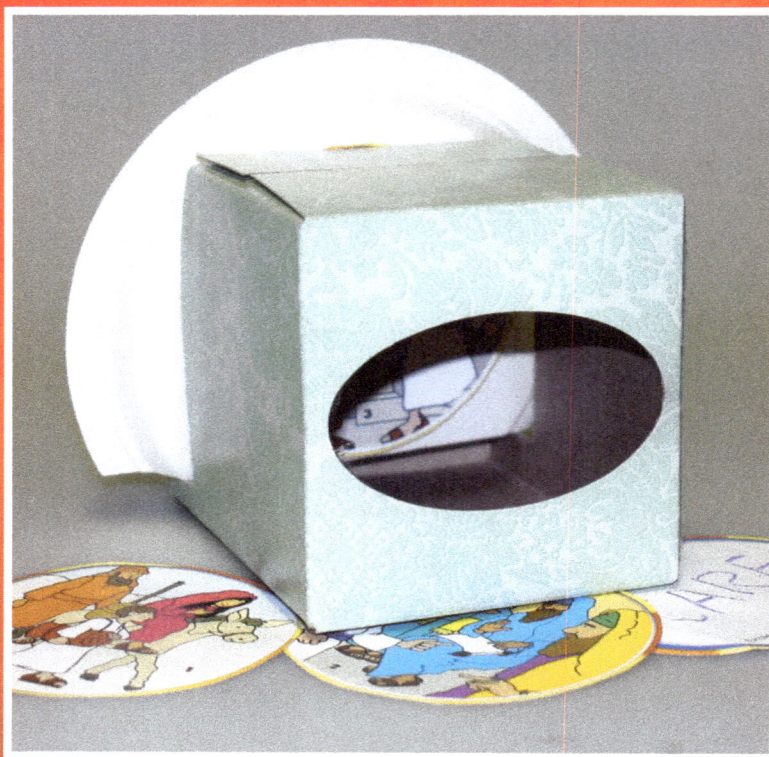

INSTRUCCIONES:

1. Usa la caja de pañuelos que te dará la maestra.
2. Corta los 4 círculos.
3. Dibuja o escribe algo que puedas hacer para tener una mejor relación con Dios, en el círculo 4.
4. Toma 4 platos de papel. Corta una parte de abajo de cada plato, de modo que puedas apoyarlos. Mira el dibujo como modelo.
5. Pega los 4 círculos en orden en los platos.
6. Coloca los platos en la caja de pañuelos para que los puedas ver.
7. Cambia las figuras para que las puedas ver.

"Y se oyó una voz de los cielos que decía: Este es mi Hijo amado, en quien tengo complacencia." (Mateo 3:17)

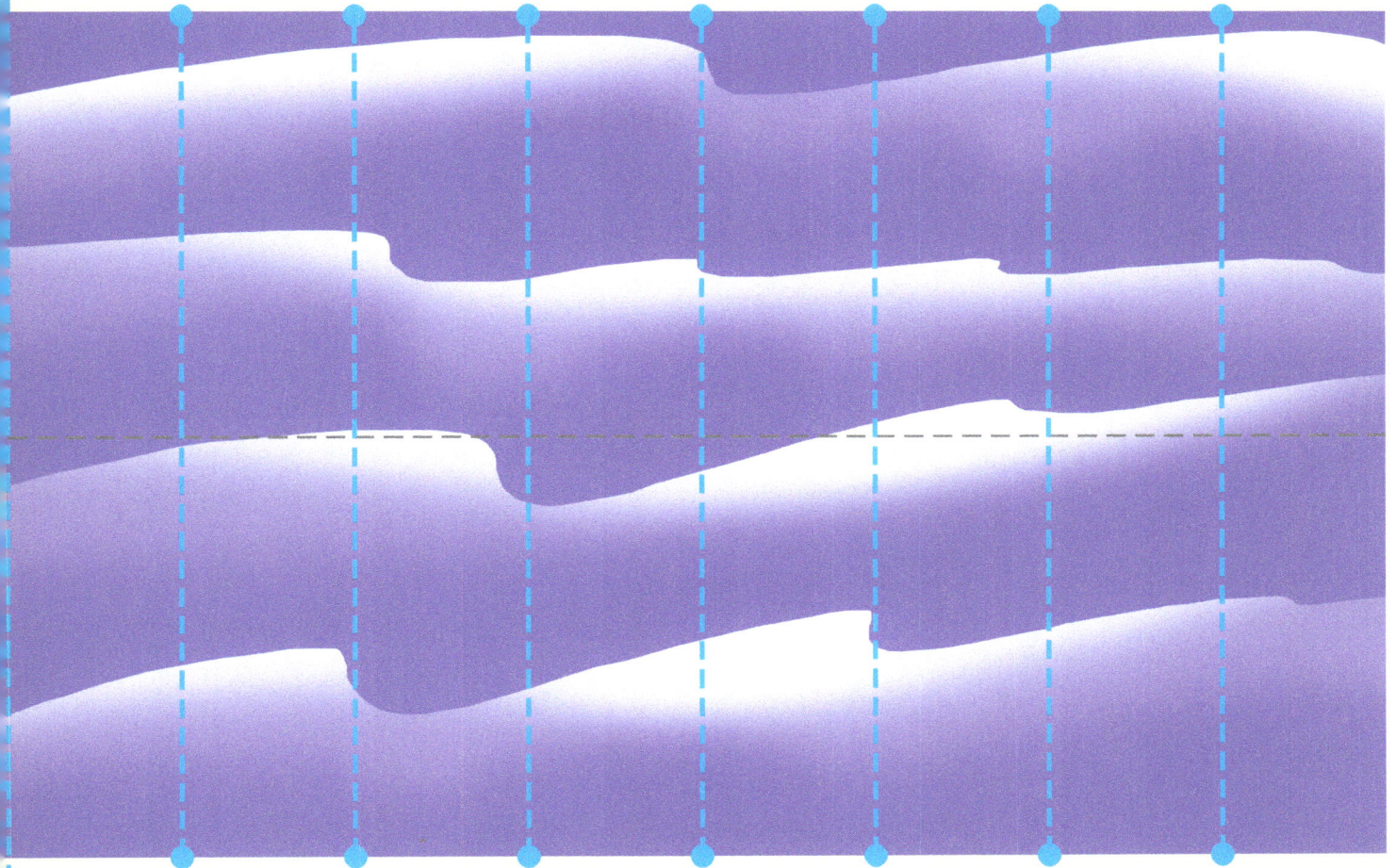

"Y Jesús crecía en sabiduría, en estatura y en gracia para con Dios y los hombres." (Lucas 2:52)

Cortar

Dobla y pégalo con cinta de pegar a la tira B.

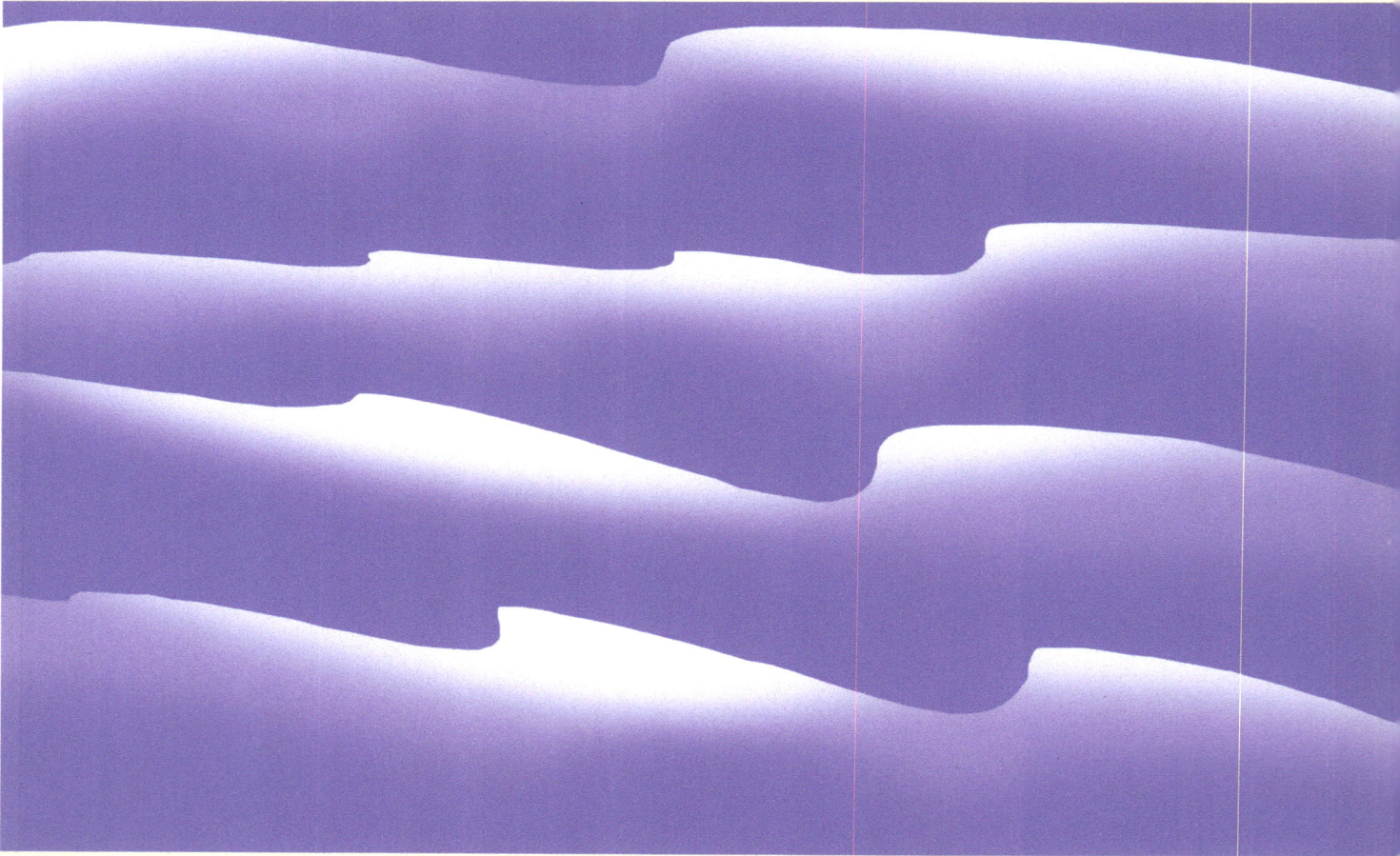

INSTRUCCIONES:

1. Corta el agua, a Jesús, y a la paloma.
2. Dobla y pega a Jesús de pie.
3. Dobla el agua por la mitad.
4. Corta por las 7 líneas punteadas del agua.
5. Desdobla el agua. Pega con cinta adhesiva las orillas.

6. Coloca a Jesús en el centro del agua. Sostén la paloma con una mano. Usa el agua, a Jesús y a la paloma para contar la historia. Tu maestro te ayudará.

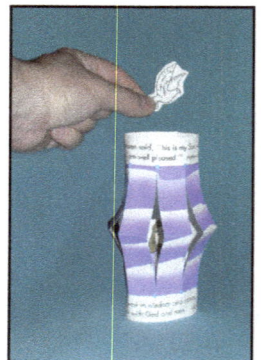

La montaña de la obediencia

Cortar ✂

B

Dibuja o escribe una forma en la que puedes obedecer a Dios.

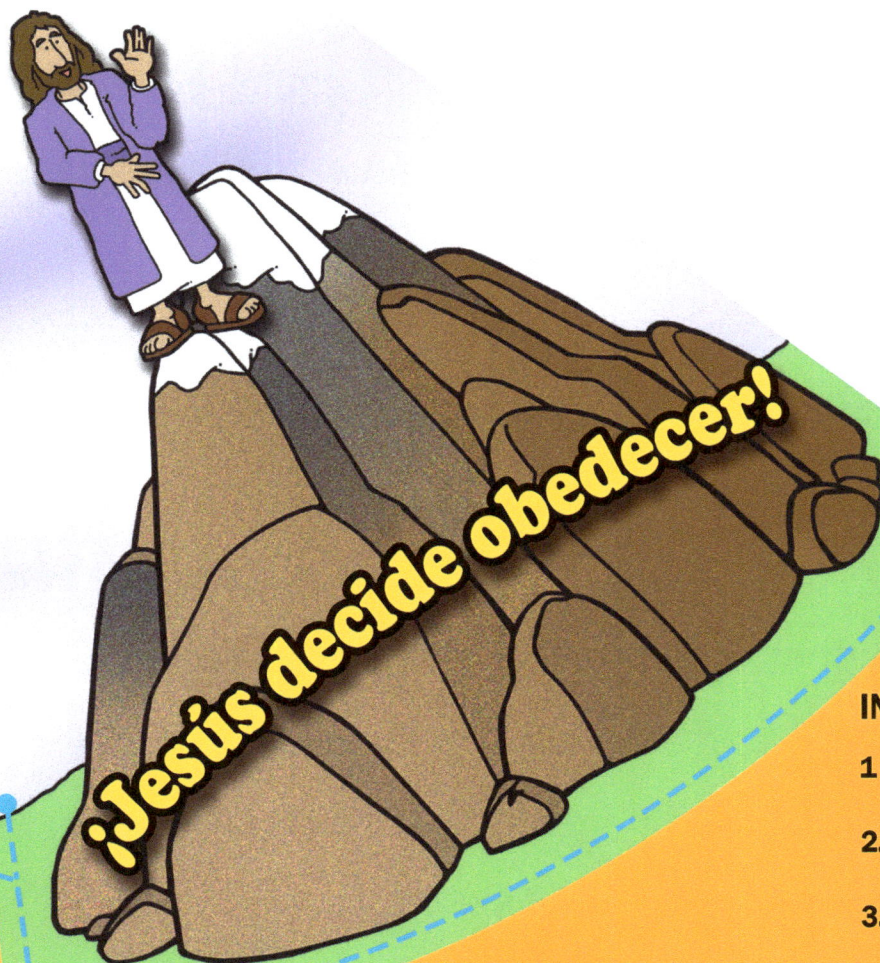

A

¡Jesús decide obedecer!

INSTRUCCIONES:

1. Corta la montaña. Corta la ranura B.
2. Inserta la solapa A en la ranura B.
3. Usa la montaña para contarles a otros cómo Jesús venció la tentación.

Completa las palabras cruzadas. Luego escribe las palabras en las oraciones incompletas.

Palabras Cruzadas

T₁

²   J

³   O

R₁

Banco de Palabras

Tentación
Cristo
Paz con Dios
Hijo de Dios

1. La _ _ _ _ _ _ _ _ _ _ es cualquier cosa que nos lleve a tener ganas de desobedecer a Dios. Nos hace pensar que desobedecer a Dios es bueno y correcto.

2. _ _ _ _ _ _ _ _ _ _ _ es un nombre especial para Jesús. Cuando conocemos a Jesús, sabemos quién es Dios y cómo es él.

3. _ _ _ _ _ _ _ _ _ _ _ es el gozo que tenemos cuando Dios perdona nuestros pecados y nos reconcilia con él. Podemos tener paz aun cuando nos sucedan cosas malas.

4. _ _ _ _ _ _ es un nombre especial para Jesús. Este nombre significa "escogido por Dios". Dios eligió a Jesús para que sea nuestro Salvador.

Promesas para cumplir y hacer la obra de Dios.

Mateo 4:19

Nombre

Mateo 4:19 Búsqueda

1. Mira las palabras de la Casilla de Palabras.
2. Encuentra las palabras en la sopa de letras. Pueden estar en sentido horizontal o vertical.
3. Completa los espacios del versículo bíblico. Luego memoriza Mateo 4:19 con un amigo.

Casilla de Palabras

hombres
haré
Venid
pescadores
pos
mí

F	M	E	R	T	Y	U	P	B	V	P	G	F
R	I	D	Q	W	E	R	V	I	U	O	M	N
W	J	H	O	M	B	R	E	S	Y	S	X	Z
Q	K	S	W	E	R	T	N	Y	P	R	R	W
A	M	A	Q	A	S	D	I	F	G	E	J	I
Z	N	P	E	S	C	A	D	O	R	E	S	P
X	B	R	Y	U	I	O	P	H	H	A	R	E

"Y les dijo: -'V __ __ __ __ en p __ __ de m__ ,

y os h __ __ __   p __ __ __ __ __ __ __ __ __ __

de h __ __ __ __ __ __ ' "

Mateo 4:19

Marca la diferencia

1. Mira los dos dibujos.
2. ¿En que son diferentes?

3. Colorea el dibujo del hombre sano.

4. Haz una X sobre el dibujo del hombre antes de sanar.

¿Qué hizo el hombre después de que Jesús lo sanó?

Versículo escondido

Encuentra y encierra con un círculo las palabras del versículo escondidas en la clase de Escuela Dominical. Completa los espacios en blanco del versículo bíblico.

criatura

pasaron

alguno

Cristo

nuevas

viejas

"De modo que si _____ está en _____ nueva _____ es; las cosas _____ _____ todas son hechas _____"

2 Corintios 5:17

"Ven. ¡Sígueme!"

"Sígueme".

Mateo lo siguió.

Jesús comía con los pecadores.

"¡No comas con los pecadores!"

"Yo amo a todos".

Todos pueden decidir seguir a Jesús.

INSTRUCCIONES:

1. Enrosca 3 alambres finos juntos en el centro (como se ve en la ilustración).
2. Corta los 12 círculos de la página anterior.
3. Pega la frase 1 detrás del dibujo 1, y únelos a uno de los extremos del alambre.
4. Pega los demás círculos en los alambres, de la misma manera y en orden.
5. Cuenta la historia bíblica usando la rueda que armaste.
6. Mateo decidió seguir a Jesús. ¡Tú también puedes decidir seguir a Jesús!

Jesús me ama

Jesús ama a todos los niños.

INSTRUCCIONES:
Colorea las escenas con diferentes colores. Tu maestra te dará dos cuadrados de cartulina de tamaño más grande que las escenas de los niños con Jesús. Pega las escenas en los cuadrados de cartulina. En los bordes de las cartulinas puedes poner brillantina o pintar con témpera diseños de tu agrado. Deja que se sequen bien.
Perfora dos agujeros en la parte superior de los cuadrados de cartulina. Pasa los hilos por los agujeros de los cuadrados y átalos. Ya tienes dos cuadros de Jesús abrazando a los niños. Jesús te ama y ama a todos los niños del mundo. Regala una escena a tu mejor amigo que no conoce a Jesús.

Del pecado al perdón

Corta las figuras de la Sección Recortable 1 (SR A). Agrega las figuras al camino. Pégalas en su lugar.
¿Qué pecado cometió Pedro? ¿Qué hizo Jesús? Sigue el camino para averiguarlo.

¡Tú sigues a Jesús!

Tú debes ser un seguidor de Jesús porque eres de Galilea.

¡Este es un seguidor de Jesús!

¿Me amas?
¿Me amas?
¿Me amas?

¡Muy bien! Cuida a mi pueblo. Ven y sígueme.

¡Sí! ¡Sí! ¡Sí!

PERDONADO

Un regalo de Dios

Usa el código para descubrir el regalo de Dios.

◇	■	●	★	♥	⬡
D	Ó	E	N	P	R

♥ ● ⬡ ◇ ■ ★

El __ __ __ __ __ __

es un regalo de Dios.

♥ ● ⬡ ◇ ■ ★

El __ __ __ __ __ __

de Dios nos hace justos ante él nuevamente.

Querido Dios,
Gracias por amarme.
Gracias por el regalo del perdón.
Con amor,

_____

_____

_____

Lee y firma esta carta de agradecimiento a Dios.

RUEDA "¿QUIÉN LO DIJO?"

Necesitarás un clip para papel y un sujetador de papel de 2 patitas, para armar la rueda.

"¡Cállate y sal de él!" (Marcos 1:25).

"Sé quien eres: el Santo de Dios" (Marcos 1:24).

¿Quién lo dijo?

¿Qué dices tú?

"¿Qué es esto? ¿Qué nueva doctrina es esta, que con autoridad...?" (Marcos 1:27).

Corta las tres piezas para agregar a la rueda.

Cortar

Cortar

Cortar

Jesús: Maestro asombroso

"¿Qué es esto? ¿Qué nueva doctrina es esta, que con autoridad...?"

(Marcos 1:27).

INSTRUCCIONES:

1. Corta la rueda de la página anterior.
2. Usa un clip para papel, agarrado con un sujetador de papel de 2 patitas para que gire.
3. Corta los tres dibujos.
4. Haz que la rueda gire.
5. Lee lo que dice la rueda. Decide quién dijo esas palabras. Pega ese dibujo en la rueda.
6. Realiza los pasos 4 y 5 para cada uno de los espacios de la rueda.
7. Pregúntate a ti mismo: ¿Quién digo yo que es Jesús? Cuenta a un amigo quién es Jesús para ti.

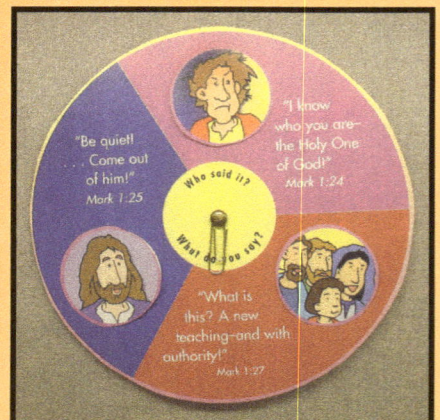

El doctor usa...

Cortar ✂
Cortar ✂
Cortar ✂
Cortar ✂
Cortar ✂
Cortar ✂
Cortar ✂
Cortar ✂
Cortar ✂
Cortar ✂

– ¡Sanador Asombroso!

Estas son las cosas que un doctor puede usar para ayudarte a sanar.

- Corta cada figura y explica para qué se usa cada instrumento.
- Pega cada dibujo en una hoja de color.
- Pega también el siguiente recordatorio en la hoja.

Dios es el único que nos sana. Jesús, el Hijo de Dios, no necesitó herramientas. Él pudo sanar sin medicina porque es el Hijo de Dios.

"¿Quién es este, que aun el viento y el mar lo obedecen?" (Marcos 4:41).

¿Qué hizo que los discípulos tuvieran miedo? ¿Qué hicieron? ¿Qué hizo Jesús?

Cortar

INSTRUCCIONES:
Corta por la línea punteada. Lee las tres preguntas. Respóndelas. Colorea el dibujo mientras cuentas la historia que aprendiste. Luego haz la actividad de atrás. Agujerea los dos puntos blancos. Pon un lápiz a través de los dos puntos blancos. Redondea la hoja para que quede de pie.

¡Jesús es increíble y poderoso!

¡Puedes confiar en Jesús cuando tienes miedo!

Dibuja algo que te dé miedo. ¿Qué puedes hacer?
¿Cómo puede ayudarte Jesús cuando tienes miedo?

Necesitarás un lápiz para hacer que tu dibujo se pueda parar, tal como se ve en la imagen.

Eligió hacer su obra.

"Se oyó una voz desde la nube, que decía: 'Este es mi Hijo amado, en quien tengo complacencia; a él oíd' " (Mateo 17:5).

Los seguidores de Jesús contaron las buenas nuevas acerca de Jesús. Pega Sección Recortable 5 A (SR5 A).

Nosotros podemos hablarles a otros acerca de Jesús. Pega Sección Recortable 5 B (SR5 B).

Los seguidores de Jesús sanaban a los enfermos.

Nosotros podemos orar por las personas enfermas.

Dibuja o escribe lo que Jesús te pide que hagas. Puedes pegar la figura de Jesús, de la Sección Recortable 5 C (SR5 C).

Amado Señor, por favor sana a mi abuelo.

Jesús murió por mí

Cómo hacer un collar de cruz

Necesitarás:

- ☒ Esta cruz
- ☒ Tijeras
- ☒ Papel de color marrón (café)
- ☒ Pegamento adhesivo
- ☒ Una cuerda plástica
- ☒ Bolitas de colores

Cómo hacerlo:

1. Corta esta tira por la línea de puntos.
2. Corta el rectángulo que tiene la cruz.

Las instrucciones continúan atrás.

Este es el rey de los judíos.

Pega las personas enojadas de la Sección Recortable 2 B (SR2 B).

Pega las mujeres llorando de la Sección Recortable 2 A (SR2 A).

"Jesús decía: —'Padre, perdónalos, porque no saben lo que hacen'" (Lucas 23:34).

Jesús puede ser tu Salvador

Jesús murió en la cruz por todas las personas. Él murió por ti. ¿Le pediste a Jesús que perdone tus pecados y que sea tu Salvador? Esto es lo que debes hacer:

que eres pecador. Tú desobedeciste a Dios e hiciste cosas malas. Dile a Dios lo que hiciste. Pídele perdón por eso y decide cambiar

(Romanos 3:23; 1 Juan 1:9).

que Dios te ama. Él envió a su Hijo, Jesús, para salvarte de tus pecados. Pídele a Dios que te perdone. Recibe su perdón

(Juan 3:16; Hechos 16:31).

a Jesús como tu Salvador. Cuenta lo que Dios hizo por ti. Ama a Dios y sigue a Jesús

(Juan 1:12; Romanos 10:13).

Admite – Cree – Confiesa

---

3. Pega el rectángulo sobre el papel marrón (café).
4. Corta la cruz. Haz un agujero en la parte de arriba.
5. Pasa el hilo a través del agujero.
6. Coloca bolitas de colores en el hilo.
7. Átalo con un nudo.
8. Usa tu collar. Piensa en el amor de Jesús por ti. Él murió por ti.

Jesús murió por mí

Cortar ✂

Jesús resucitó

Maravilloso Hijo de Dios

Cortar ✂

Cortar ✂

"Se oyó una voz desde la nube, que decía: 'Este es mi Hijo amado, en quien tengo complacencia; a él oíd'"

(Mateo 17:5).

Une los puntos para encontrar un mensaje importante acerca de Jesús.

Mensaje oculto

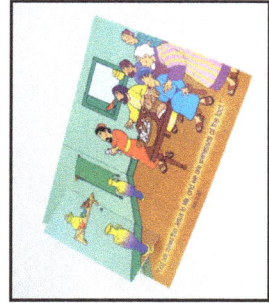

"A este Jesús resucitó Dios, de lo cual todos nosotros somos testigos"
[Hechos 2:32].

Pega el lado A del rectángulo aquí.

INSTRUCCIONES:

1. Corta esta tira y guárdala porque hay un dibujo detrás.
2. Corta la tira A, dóblala por la línea punteada del medio y pega el interior del rectángulo.
3. Apoya el borde derecho del rectángulo A sobre la línea punteada del dibujo. Pégalo con cinta adhesiva (solo la línea A).
4. Da vuelta el rectángulo para mostrar a Jesús hablando con sus amigos.
5. Usa este dibujo para contarle a un amigo la historia bíblica.

A

Pega el lado B del
rectángulo aquí.

Jesús es nuestro Salvador

Él vive y está siempre obrando en nuestras vidas

B

INSTRUCCIONES:

1. Dobla la tira B por la línea punteada y pega el interior.
2. Apoya el borde superior del rectángulo B sobre la línea punteada del dibujo. Pégalo con cinta adhesiva (solo la línea B).
3. Da vuelta el rectángulo para mostrar a Jesús ascendiendo al cielo.
4. Usa este dibujo para contarle a un amigo la historia bíblica. Cuéntale que Jesús está vivo hoy. Él siempre está obrando en nuestra vida.
5. Usa este dibujo para contarle a un amigo la historia bíblica.

A   B

"Obedece al Señor tu Dios

(Deuteronomio 27:10).

y sigue sus mandamientos"

Pon a Dios en primer lugar. **1**

Pon a Dios en primer lugar. **1**

Adora sólo a Dios. **2**

Adora sólo a Dios. **2**

Honra el nombre de Dios. **3**

Honra el nombre de Dios. **3**

Guarda el domingo. **4**

Guarda el domingo. **4**

Honra a tus padres. **5**

Honra a tus padres. **5**

No mates. **6**

No mates. **6**

No seas infiel. **7**

No seas infiel. **7**

No robes. **8**

No robes. **8**

B   A

Instrucciones para hacer un móvil con los diez mandamientos:

Necesitarás:

- Las tablitas 9 y 10 de los diez mandamientos de la Sección Recortable 2 (SR2 D y E)
- Tijeras
- Cartulina
- Perforadora
- Pegamento o cinta adhesiva
- 10 trozos de lana de 30 cm. cada uno
- 2 trozos de lana de 84 cm. cada uno
- Cinta adhesiva de doble faz o barra adhesiva

Cómo hacerlo:

1. Corta las dos tiras del versículo bíblico y todas las tablitas de los diez mandamientos por las líneas punteadas. [- - - - - -]
2. Pega las tiras en una cartulina y déjalas secar.
3. Dobla las tablitas por las líneas grises [———] verticales.

Continúa atrás

35

4. Pega con pegamento o cinta adhesiva el lado A de la primera tira del versículo con el lado A de la segunda, y haz lo mismo con el lado B.
5. Agujerea todos los círculos blancos de las tiras. Atraviesa por cada agujero un trozo de lana, de los más cortos.
6. Usa cinta adhesiva de doble faz, pegamento o barra adhesiva para pegar las tablitas en los extremos de la lana. Asegúrate de que las tablitas estén en orden en todo el móvil.
7. Hay 4 agujeros en la parte de arriba. Atraviesa un trozo de lana largo en dos de los agujeros enfrentados y átalos. Haz lo mismo en los otros dos agujeros con el otro trozo de lana.
8. Haz un nudo arriba para poder colgar el móvil.
9. Usa este móvil para recordar las reglas de Dios para nuestra vida.

#1

¡Pon a Dios en primer lugar!

10 formas de poner a Dios en primer lugar:

1.
Habla con Dios todos los días.

2.
Pídele a Jesús que sea tu Salvador.

3.
Dile a Dios que lo amas.

4.
Obedece los diez mandamientos y las demás cosas que sabes que Dios quiere que hagas.

5.
Alaba a Dios en la iglesia.

6.
Ofrenda para Dios.

7.
Muéstrales amor a las personas.

8.
Aprende de la Biblia.

9.
Disponte a hacer lo que Dios te pida, aunque sean cosas difíciles.

10.
Háblales de Dios y de la iglesia a tus amigos.

INSTRUCCIONES:

1. Cuidadosamente corta el colgante para la puerta, el señalador para libros, el mini póster y estas instrucciones.

2. Colorea y decora el colgante para la puerta. Cuando termines, cúbrelo con papel contact (plastificado) transparente.

3. Cubre el señalador con papel contact transparente o cinta adhesiva ancha transparente y agujerea el círculo de arriba. Pasa por él una cinta o lana. Tu maestra te mostrará cómo hacerlo.

4. Cubre el mini póster con papel contact transparente. Pégalo en una cartulina de color o hazle un marco (de 10 x 15 cm.)

5. Cuando termines todo, pega un imán sobre estas instrucciones. Dalo vuelta y verás lo que significan los diez mandamientos. Colócalo en la heladera para recordarlo siempre.

#1 ¡Pon a Dios en primer lugar!

¡Dios en primer lugar!

Ofrenda

Diez mandamientos

Los diez mandamientos son diez reglas especiales que Dios nos dio para mostrarnos cómo debe vivir su pueblo.

10 formas de poner a Dios en primer lugar:

1.
Habla con Dios todos los días.

2.
Pídele a Jesús que sea tu Salvador.

3.
Dile a Dios que lo amas.

4.
Obedece los diez mandamientos y las demás cosas que sabes que Dios quiere que hagas.

5.
Alaba a Dios en la iglesia.

6.
Ofrenda para Dios.

7.
Muéstrales amor a las personas.

8.
Aprende de la Biblia.

9.
Disponte a hacer lo que Dios te pida, aunque sean cosas difíciles.

10.
Háblales de Dios y de la iglesia a tus amigos.

Escribe la historia

David

Susana

Escribe esta historia como tú quieras. En cada **cuadro** la palabra o grupo de palabras que más te gusten. Luego lee tu historia.

Haz un círculo alrededor de

Susana David	estaba	miando televisión leyendo jugando a un juego	. Más tarde llamó su	**mamá papá**	: "Es hora de	**ir a la cama lavar la vajilla hacer la tarea**	".
Susana David	no quería	**ir a la cama lavar la vajilla hacer la tarea**	. Pero	**él ella**	amaba a Dios. Entonces
Susana David	dejó de	**mirar televisión leer jugar**	y fue a	**ir a la cama lavar la vajilla hacer la tarea**	.
¿Cómo	**Susana David**	honró a su	**mamá papá**	? Escribe tu respuesta en las líneas de abajo.		

Amo a mi familia

Corta

"Honra a tu padre y a tu madre" (Éxodo 20:12).

Instrucciones:

1. Después de completar la historia de Susana o David y responder la pregunta, corta la tira blanca de la derecha de la página.

2. Corta el interior del marco para la foto.

3. Dobla la página por la línea punteada del medio. Debe quedar la historia de un lado y el marco del otro.

4. Dibuja a tu familia para poner en el marco o pon una foto de tu familia. Pégala para que se vea dentro del marco.

5. Pega los bordes del marco con cinta adhesiva.

6. Usa tu foto o dibujo para recordar que debes honrar y obedecer a tus padres.

Rueda para pensar y actuar

Saúl es el rey escogido por Dios. No voy a hacer nada para lastimarlo.

Vamos a matar a David.

Odio a David. Él es mi enemigo.

Podría haberte matado, pero no lo hice.

Historia

Rueda para pensar y actuar

Frente de la rueda

INSTRUCCIONES:

1. Corta las dos ruedas.
2. Coloca la rueda de arriba sobre la de abajo. Únelas con un sujetador de papel de dos patitas.
3. Gira la rueda para ver cómo los pensamientos de Saúl lo llevaron a cometer acciones malas y equivocadas. Luego mira cómo los pensamientos de David lo llevaron a hacer buenas acciones.
4. Separa las ruedas, dalas vuelta y vuélvelas a unir con el ganchito.
5. Mira cómo puedes pensar y hacer lo correcto.

41

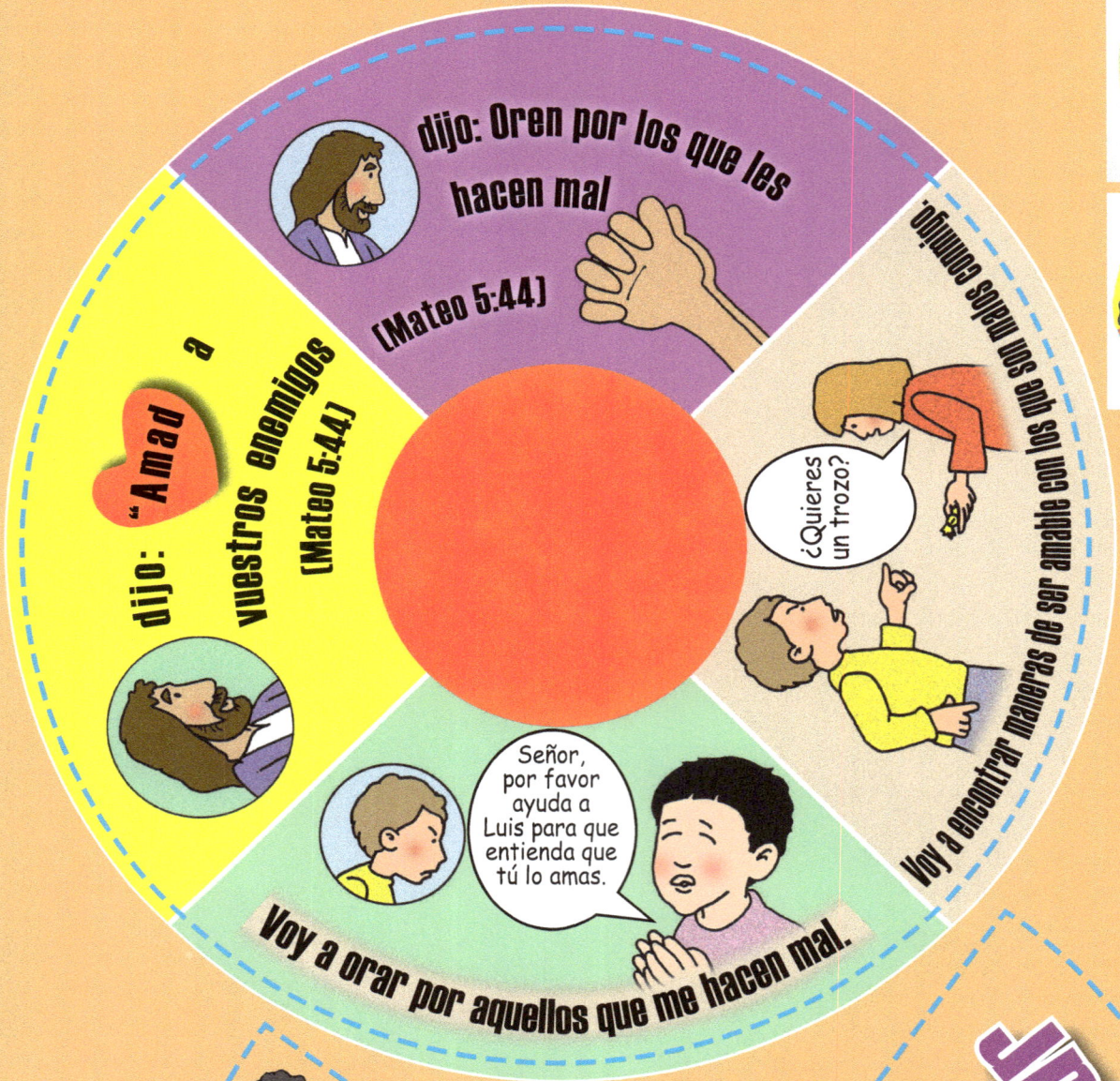

dijo: Oren por los que les hacen mal

[Mateo 5:44]

dijo: "Amad a vuestros enemigos [Mateo 5:44]

¿Quieres un trozo?

Voy a encontrar maneras de ser amable con los que son malos conmigo.

Señor, por favor ayuda a Luis para que entienda que tú lo amas.

Voy a orar por aquellos que me hacen mal.

Mi rueda para pensar y actuar

¿Qué hizo mal Giezi?

Colorea el círculo de la oración correcta. Luego colorea los dibujos.

2

- ◯ Le dijo a Naamán que adore a los ídolos.
- ◯ Le mintió a Naamán.
- ◯ Le dijo a Naamán que Eliseo quería verlo de nuevo.

- ◯ Se compró ropa nueva.
- ◯ Le compró un regalo a Eliseo.
- ◯ Tomó dinero y ropa que no le pertenecían.

3

1

- ◯ Le mintió a Eliseo.
- ◯ Le pidió algo de dinero a Eliseo.
- ◯ Le dijo que estaba enfermo.

"No hurtarás. No dirás contra tu prójimo falso testimonio" (Éxodo 20:15-16).

EL CAMINO DE LOS DIEZ MANDAMIENTOS

CÓMO JUGAR: arma la rueda pegándola en un círculo de cartulina del mismo tamaño. Luego coloca en el centro un clip para papel, enganchado a un sujetador de papel de dos patitas. El clip servirá para girar. Luego corta los números del 1 al 4 y pégalos enfrentados cada uno con su mismo número. Pueden formar equipos de 4 niños. Cada equipo tendrá un número, y lo utilizará como la ficha para ir avanzando por el camino.

1. Gira el clip. Haz lo que te indique la rueda.
2. Si caes en un casillero con un número, di ese mandamiento (por ej.: si caes en el número 1, repite el 1º mandamiento, y así sucesivamente). Avanza 3 espacios.
3. Si caes en un casillero que habla sobre una buena acción, avanza 2 espacios.
4. Si caes en un casillero que habla sobre una mala acción, retrocede 2 espacios.
5. Gana el que llega primero al final del camino.

Rueda:
- Avanza 1 casillero
- Avanza 3 casilleros
- Pierde un turno
- Avanza 2 casilleros y juega de nuevo
- Retrocede 2
- Cambia de lugar con otro jugador

Ganador

10

Carlos sacó dinero de la billetera de su papá.

8, 9

Timoteo puso de su dinero en la ofrenda.

6, 7

Alex dijo la verdad cuando rompió el jarrón de su mamá.

5

"Oirás, pues, la voz de Jehová, tu Dios, y cumplirás sus mandamientos y sus estatutos que yo te ordeno hoy".
Deuteronomio 27:10

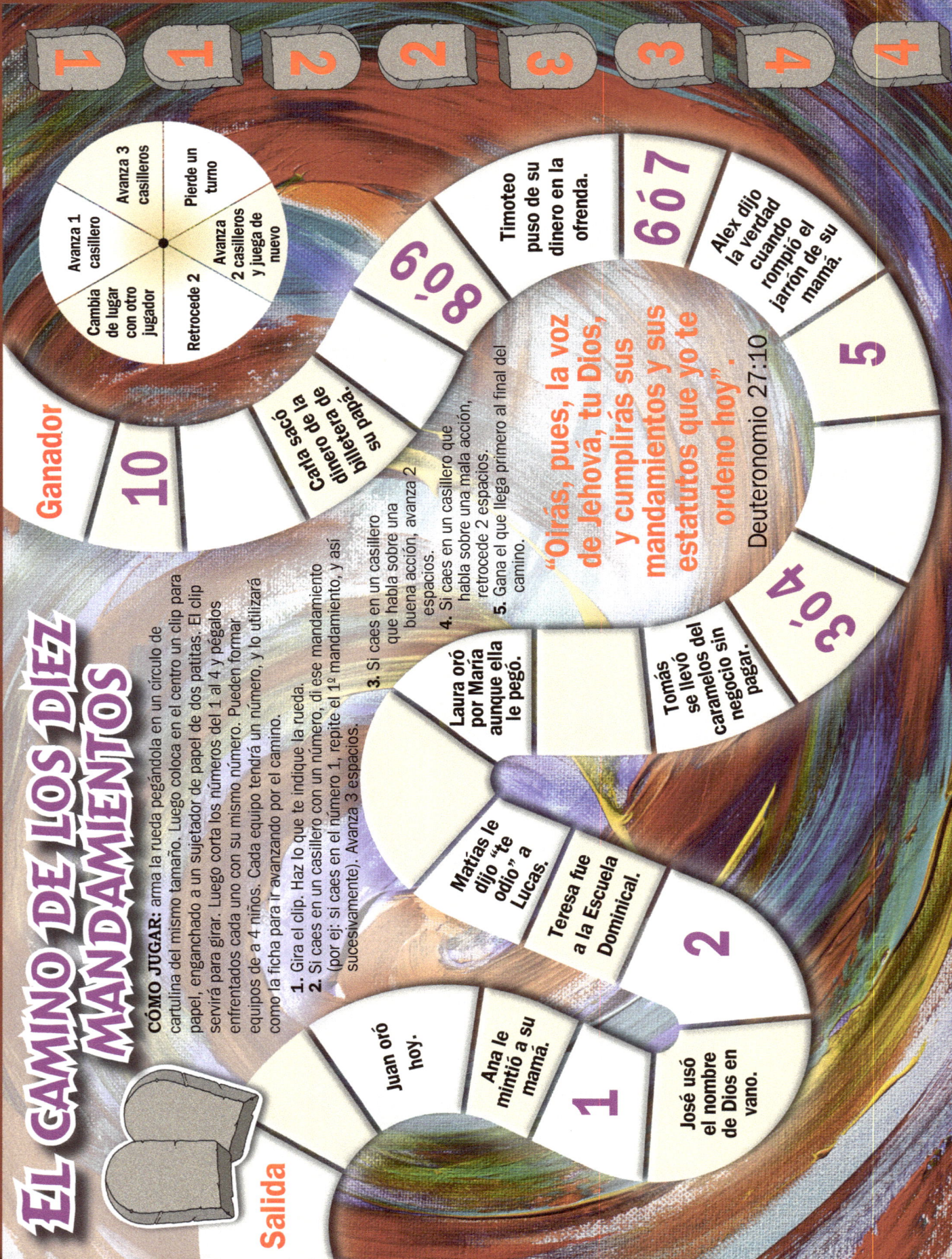

3, 4

Tomás se llevó caramelos del negocio sin pagar.

Laura oró por María aunque ella le pegó.

Matías le dijo "te odio" a Lucas.

Teresa fue a la Escuela Dominical.

2

Juan oró hoy.

Ana le mintió a su mamá.

José usó el nombre de Dios en vano.

1

Salida

44

Ramo de contentamiento

"No codiciarás" (Éxodo 20:17).

Dile "¡NO!" a la codicia.

"Estad contentos con lo que tenéis ahora" (Hebreos 13:5).

Ramo de contentamiento

Como las flores en la primavera, el contentamiento es algo hermoso. Nos hace estar gozosos por todo lo que Dios nos da, y nos trae felicidad permanente.

Gracias, Dios.

"Así que, teniendo sustento y abrigo, estemos ya satisfechos" (1 Timoteo 6:8).

Contentos

Instrucciones para hacer
un ramo de contentamiento

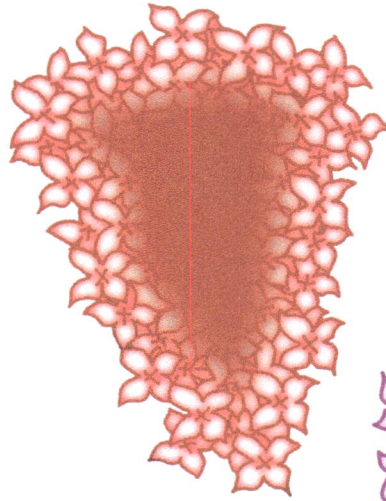

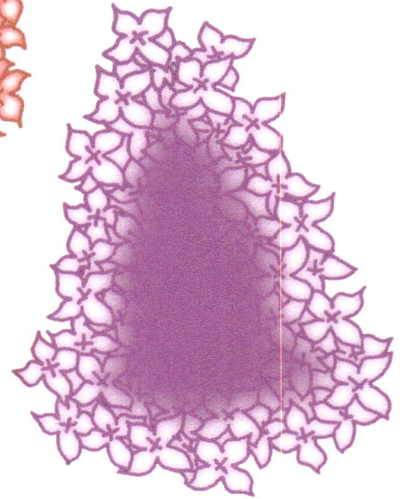

NECESITARÁS:

- Tijeras
- Cinta adhesiva
- Pegamento
- Alambres o palitos finitos forrados de verde
- Un vaso grande descartable. Puedes colocarle arena o piedras para que quede pesado y no se caigan las flores.

CÓMO HACERLO:

1. Corta las flores, el globo y el poema.
2. Pega con cinta adhesiva un alambre detrás de cada flor y del globo.
3. Si quieres, puedes pegar hojas de cartulina verde en los tallos de las flores.
4. Pega el poema en el vaso.
5. Coloca las flores y el globo dentro del vaso. Dobla la punta de los tallos para que algunas flores queden más altas que otras.
Coloca tu ramo de contentamiento en una mesa o en un lugar donde lo veas siempre.

Un laberinto de pies

Sigue los pares para llevar a los israelitas de vuelta al campamento.

Encierra con un círculo las cosas que vieron los espías en Canaán.

Comienzo

Fin

*Encierra con un círculo a los espías que creían en el poder de Dios para vencer a los cananeos. ¿Quiénes eran esos hombres?

Confía en Dios

Encuentra estas palabras en la sopa de letras y enciérralas con un círculo. Pueden estar ▷ y ▽.

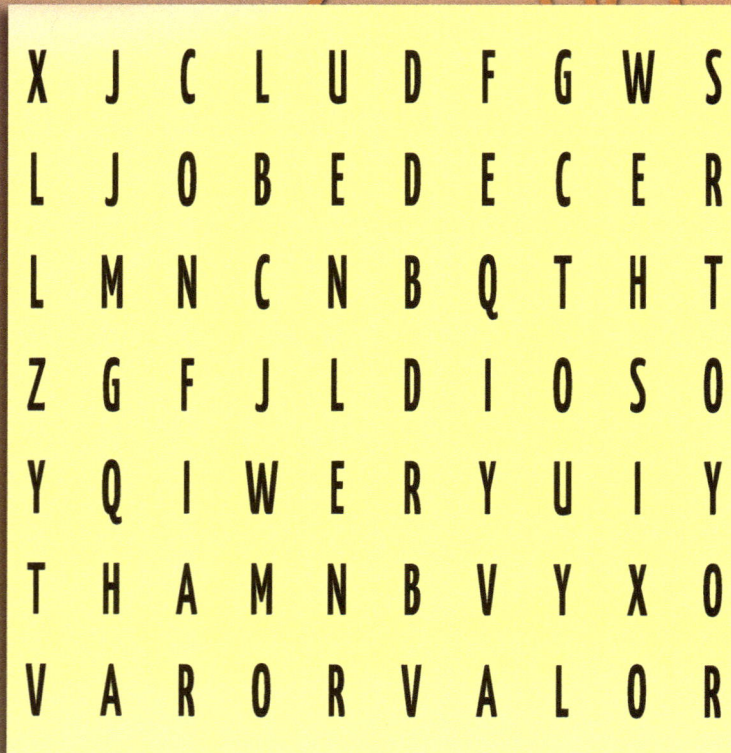

```
X  J  C  L  U  D  F  G  W  S
L  J  O  B  E  D  E  C  E  R
L  M  N  C  N  B  Q  T  H  T
Z  G  F  J  L  D  I  O  S  O
Y  Q  I  W  E  R  Y  U  I  Y
T  H  A  M  N  B  V  Y  X  O
V  A  R  O  R  V  A  L  O  R
```

CONFIAR

OBEDECER

DIOS

YO

VALOR

Un laberinto de pies

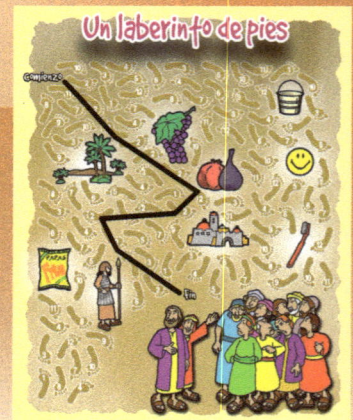

Completa los espacios en blanco:

¿En quién puedes confiar? En ___ ___ ___ ___

¿Quién debe obedecer a Dios? ___ ___

¿Quién nos ayuda cuando necesitamos valor?

___ ___ ___ ___

¿Quién es él?

Usa las letras del rectángulo para completar cada palabra. Usa cada letra sólo una vez.

J S O E U

 ◯ A R R A

 P U L P ◯

 E ◯ T R E L L A

 P A R A G ◯ A S

 ◯ L E F A N T E

¿Quién era el líder del pueblo de Dios en esta historia?
Copia las letras de los círculos en los espacios.
Lee el nombre que se formó.

◯ ◯ ◯ ◯ ◯

Colorea a Josué. Josué confió en Dios. Dios le dio
valor para hacer lo que le había pedido.

Cuando necesitas valor...

Colorea los espacios que tienen ✦ con rojo. Colorea los espacios que tienen ◀ con verde. ¿Qué palabra ves? Pega tu cuadro a una cartulina, y cuélgalo en tu cuarto.

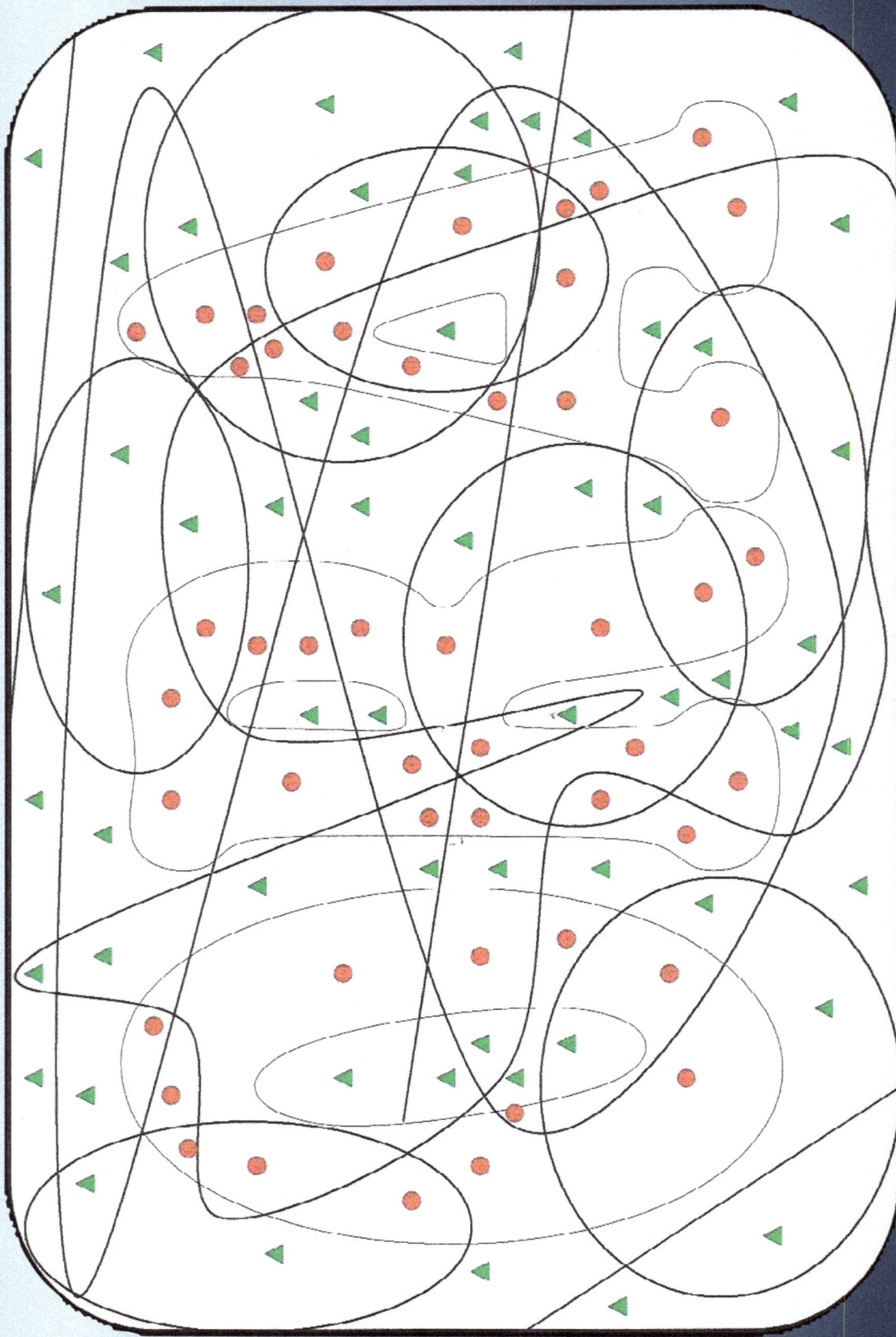

¿Qué puedes hacer cuando necesitas valor para obedecer a Dios?

Dobla A

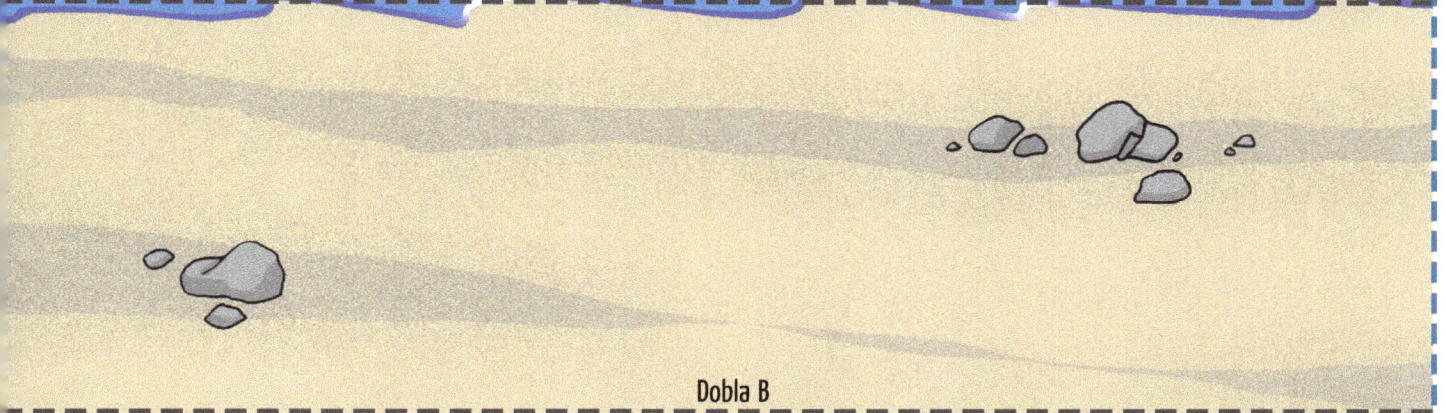

Dobla B

Cortar ✂

Dobla

Cortar ✂

Dobla

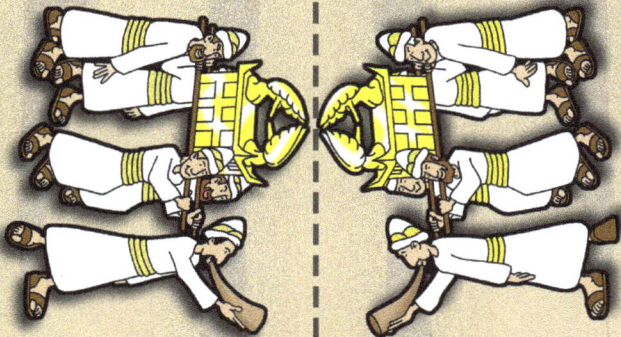

¡Recuerda!

Enumera las rocas. ¿Cuántas hay? ¿A qué les recordaba las ___ rocas a los israelitas?

1 **2**

¿Cómo te ayuda Dios?

Dobla

Cortar

INSTRUCCIONES:

1. Corta las figuras de la escena del río.
2. Dobla las figuras para que se puedan parar.
3. Dobla la escena del río para que se pare. Dobla A hacia delante y B hacia arriba.
4. Haz que los sacerdotes marchen dentro del río. Dobla B hacia abajo para mostrar cómo Dios detuvo el río. Haz que los israelitas marchen a salvo dentro del río siguiendo a los sacerdotes.

¡Brrrrum!

Cortar ✂

Cortar ✂

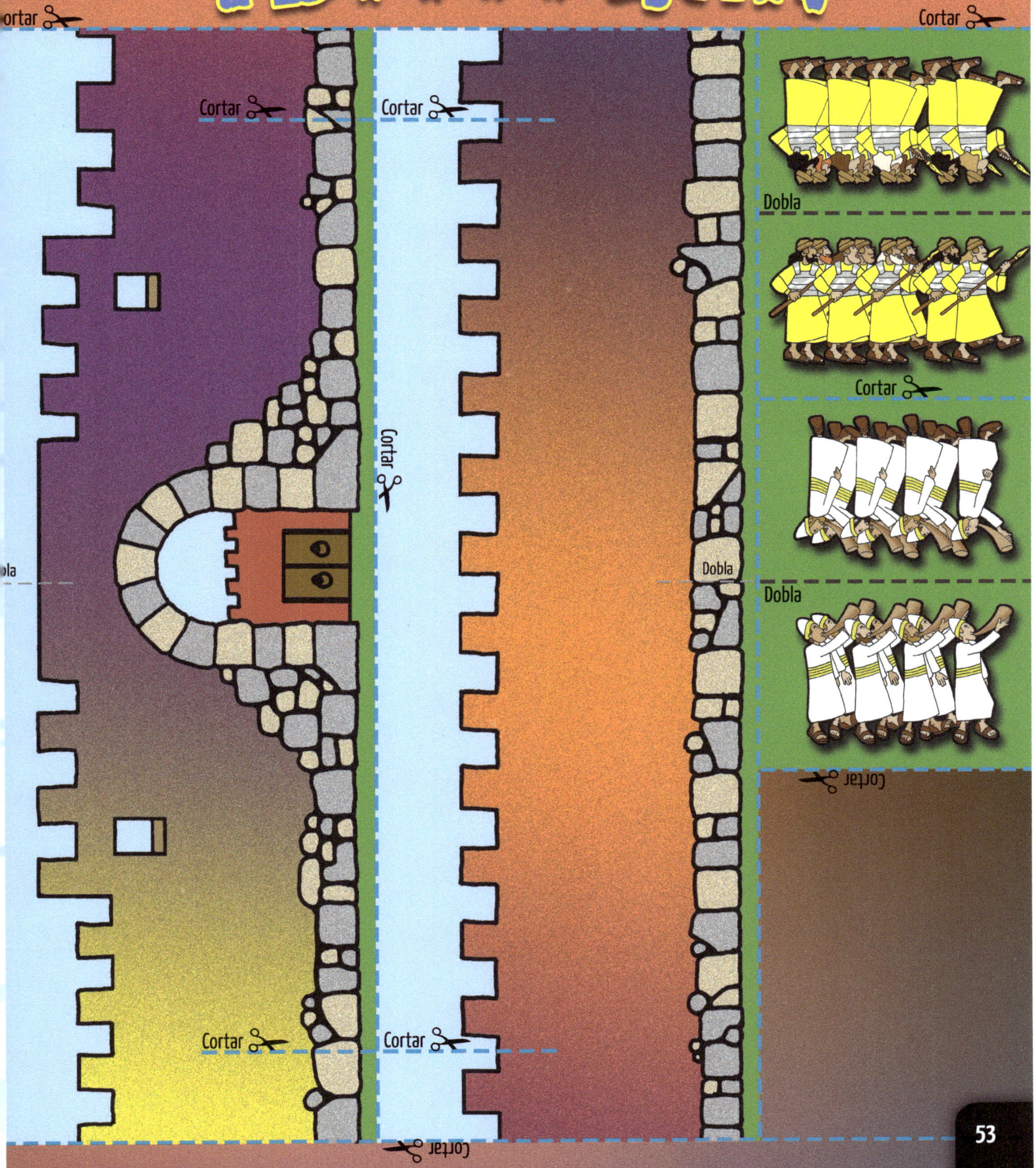

Cortar ✂　Cortar ✂

Cortar ✂

Cortar

Dobla

Dobla

Cortar ✂

ola

Dobla

Dobla

Cortar ✂　Cortar ✂

Cortar

Cortar

INSTRUCCIONES:

1. Corta las murallas. Une las murallas por los extremos. Dóblalas de modo que se paren.
2. Corta y dobla las figuras para que se paren.
3. Haz que las figuras marchen alrededor de las murallas 7 veces. Luego grita y haz que las murallas se caigan. ¡Observa cómo las murallas se caen!
4. Recuerda que Dios puede hacer cosas imposibles cuando confiamos en Él.

La promesa cumplida

Lee la historia con la maestra o un amigo.

Josué   **Caleb**   **tierra**   **israelitas**

y los fueron a la que Dios les prometió.

fue a ver a .

"Recuerda la promesa de Dios", dijo .

"Dios me prometió que me daría para mí".

dijo, "Toma la .

tomó la . Dios cumplió la promesa que le

había hecho a . Dios siempre cumple sus

promesas.

Gira y gira

Pega la rueda en un círculo de cartulina del mismo tamaño, para que sea más grueso. Usa un clip para papel y un sujetador de papel de dos patitas para hacer que gire en la rueda.

- Da una vuelta a la rueda.
- Lee la palabra que salió.
- Encuentra la palabra en las líneas de abajo para escribirla.
- Si está escrita, coloréala, si no escríbela.
- ¿Qué hace Dios?

promesas

Dios obedecen

confian

_ _ _ _   cumple sus

_ _ _ _ _ _ _ _ _

para aquellos que   _ _ _ _ _ _ _ _

en Él y lo   _ _ _ _ _ _ _ _ _ .

Cortar ✂

Solapa
para pegar
la figura

Dobla

Cortar ✂

Cortar ✂

Cortar ✂

Cortar ✂

1. ¿Quién no le dio la bienvenida a Jesús?
2. ¿Quién quería que cayera fuego del cielo?
3. ¿Quién le dijo a Jacobo y a Juan que muestren amor?
4. ¡Abre esta tarjeta y descúbrelo!

"El que tiene mis mandamientos y los guarda, ese es el que me ama"

(Juan 14:21).

INSTRUCCIONES

1. Corta por la línea punteada para separar la escena de la figura.
2. Corta la figura.
3. Corta por las líneas punteadas y dobla la escena.
4. Pega la figura en la solapa.
5. Cierra la tarjeta. Lee las preguntas. Abre la tarjeta para ver las respuestas. Juega este juego de preguntas en tu casa con tu familia.

Un regalo de amor

Corta cada pieza ✂

Coloca las piezas en una bolsa para llevar a tu casa ✂

Corta el rompecabezas ✂

INSTRUCCIONES:

1. Da vuelta la hoja.
2. Dibuja una manera en la que puedes mostrar tu amor a Dios.
3. Vuelve a esta página. Cuenta cómo la pobre viuda mostró su amor a Dios.
4. Corta tu rompecabezas. Luego intenta armarlo.

Los seguidores de Jesús dan porque ellos aman.

Yo le muestro mi amor a Dios.

Condecoración "Coloca a Dios en primer lugar"

_____

Nombre

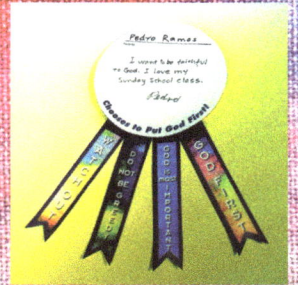

¡Decide poner a Dios en primer lugar!

Cortar ✂

Cortar ✂

D I O S EN P R I M E R LUGAR

Cortar ✂

D I O S ES LO MÁS I M P O R T A N T E

Cortar ✂

N O S E A S A V A R O

Cortar ✂

C U I D A TUS A C C I O N E S

INSTRUCCIONES

1. ¿Quién no puso a Dios en primer lugar? Une los puntos para descubrirlo.
2. Da vuelta la página. Corta el círculo y las cuatro cintas.
3. Dentro del círculo dibújate a ti mismo o algo que te identifique.
4. Pega las cuatro cintas en la parte de abajo del círculo.
5. ¡Decide poner a Dios en primer lugar!

Cortar ✂

Cortar ✂

Cortar ✂

Cortar ✂

Cortar ✂

Cortar ✂

Decide qué sucedió primero en la historia bíblica.

Levanta cada solapa.

Tú eliges.

Dios le da vida eterna a todos los que creen en Jesús y lo aceptan como su Salvador.

1. Escribe la letra para completar cada palabra.
2. Decide seguir a Jesús.
3. Habla con un adulto sobre esto.

— dmite

Que pecaste (hiciste cosas malas; desobedeciste a Dios). Dile a Dios que estás arrepentido.

— ree

En Dios porque él te ama y envió a su Hijo, Jesús, para salvarte de tus pecados. Ora y pídele perdón a Dios.

— onfiesa

A Jesús como tu Salvador. Cuéntale a alguien lo que Dios hizo por ti. Ama a Dios y sigue a Jesús.

¡Tú puedes decidir seguir a Jesús!

Manija

Manija

Cortar

Cortar

Cortar

Cortar

2

1

3

Necesitarás:
Un plato plástico o de papel que te dará la maestra.

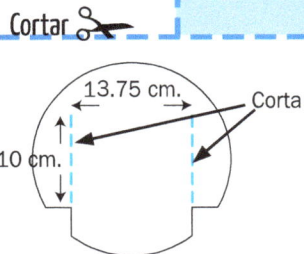

13.75 cm.

Corta

10 cm.

Instrucciones para el maestro:
1. Prepare un plato de cartón de tamaño grande para cada niño. Mire el diagrama para ver cómo cortarlo. Dibuje un rectángulo de 10 x 13.75 cm. en el centro del plato. Corte dos aberturas de 10 cm. como indica el diagrama.
2. Corte dos líneas en el plato como se ve en el diagrama, dejando por lo menos 1/2 cm. entre estos y el corte de 10 cm. Luego doble la pestaña para poder pararlo.

Manija

Manija

Instrucciones para los niños:

1. Corta las dos tiras de papel.
2. Pega las dos tiras para hacer una tira larga.
3. Da vuelta la tira. Haz 1, 2 ó 3 dibujos de lugares en los cuales puedes contar las buenas noticias acerca de Jesús.
4. Pídele a tu maestra que te dé un plato. Atraviesa la tira por las aberturas del plato para ver los dibujos.
5. Comienza con la escena bíblica 1. Tira de la manija para ver y contar la historia.
6. Saca la tira y dala vuelta para ver tus dibujos. Mira los dibujos y ora por las personas a las que quieres hablarles de Jesús.

¡Buenas noticias para un romano!

Cortar ✂

Cortar ✂

Cortar ✂

Cortar ✂

Cortar ✂

Cortar ✂

INSTRUCCIONES:

1. Da vuelta la hoja y lee el mensaje especial. ¿A quién puedes contar el mensaje de Jesús?
2. Vuelve a esta página y corta cada una de las 16 piezas.
3. Coloca los cuadrados del lado de atrás y ordénalos.
4. Dalos vuelta para ver el dibujo. Luego pégalos en una cartulina.
5. ¿A quién le habló Pedro de Jesús? ¿A quiénes dijo Pedro que Dios acepta (ama)?

La buena noticia

7   12   6   1

acerca de Jesús

10   3   8   4

es para todas

9   16   2   5

las personas.

15   14   13   11

Maestro: Corte una tira de 10 cms. x 22.5 cm. de cartulina para cada niño. Muestre a los niños cómo hacer un borde de flecos para la bandera. Mire el diagrama. Provea un palito de 45 cm. a cada niño.

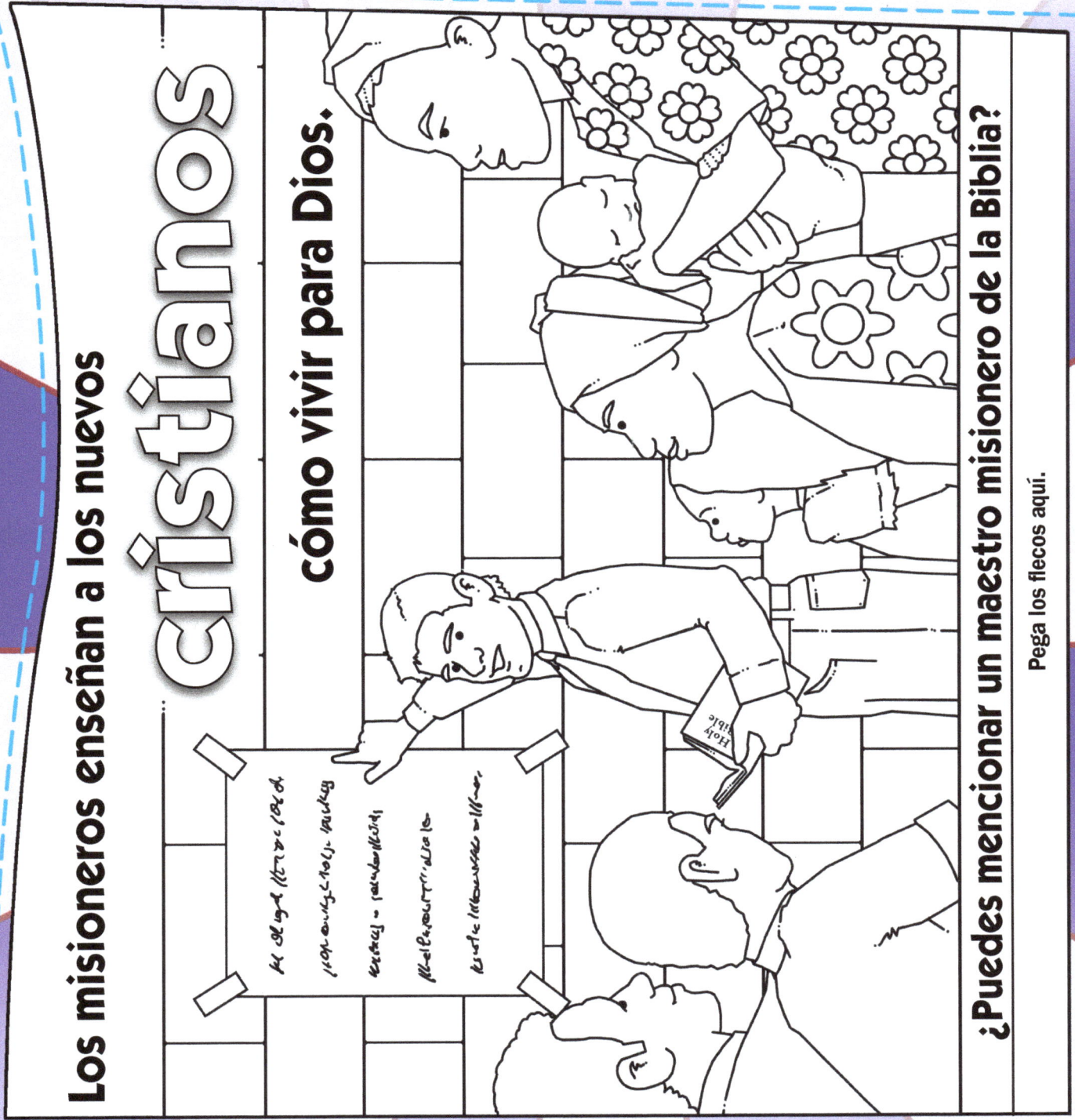

Los misioneros enseñan a los nuevos cristianos

cómo vivir para Dios.

¿Puedes mencionar un maestro misionero de la Biblia?

Pega los flecos aquí.

Flecos

INSTRUCCIONES:

1. Haz la sopa de letras y la actividad de atrás.
2. Vuelve a esta página. Corta la bandera.
3. Colorea el dibujo. ¿Qué está haciendo el maestro misionero?
4. Corta una tira de flecos de cartulina. Pégala en la parte de abajo de la bandera.
5. Pega el lado izquierdo de la bandera a un palito.
6. Responde la pregunta de la bandera. ¡Había dos maestros misioneros en nuestra historia de hoy!
7. ¿Conoces a un maestro misionero?

¡Ve y cuéntales!

Encuentra las 9 palabras de la lista en la sopa de letras y enciérralas con un círculo.

A	N	T	I	O	Q	U	I	A	B	V	M
F	D	R	A	R	O	I	U	Y	M	N	I
P	O	L	W	R	A	O	Q	P	D	S	S
E	N	S	E	Ñ	A	N	P	A	N	N	I
X	C	V	B	N	M	A	G	B	H	J	O
Z	A	S	D	F	H	R	G	L	W	F	N
C	R	I	S	T	I	A	N	O	S	S	E
R	Y	Y	U	I	O	P	H	J	K	D	R
E	W	Q	B	E	R	N	A	B	E	K	O
A	G	H	J	Y	U	B	J	E	S	U	S
M	A	E	S	T	R	O	M	A	S	Q	W

PALABRAS:
- Antioquía
- Pablo
- Bernabé
- Cristianos
- Misioneros
- Enseñan
- Maestro
- Orar
- Jesús

Lee las oraciones. Subraya las palabras que aparecen en la lista de la sopa de letras.

1. Pablo y Bernabé eran misioneros y maestros.
   a. Podemos orar por los misioneros que enseñan de Jesús a las personas.
   b. Podemos ser maestros cuando les hablamos a otros de Jesús.

2. Pablo y Bernabé hablaron de Jesús en Antioquía.
   a. Los seguidores de Jesús fueron llamados cristianos por primera vez en Antioquía.
   b. Los cristianos son las personas que creen y siguen a Jesús.

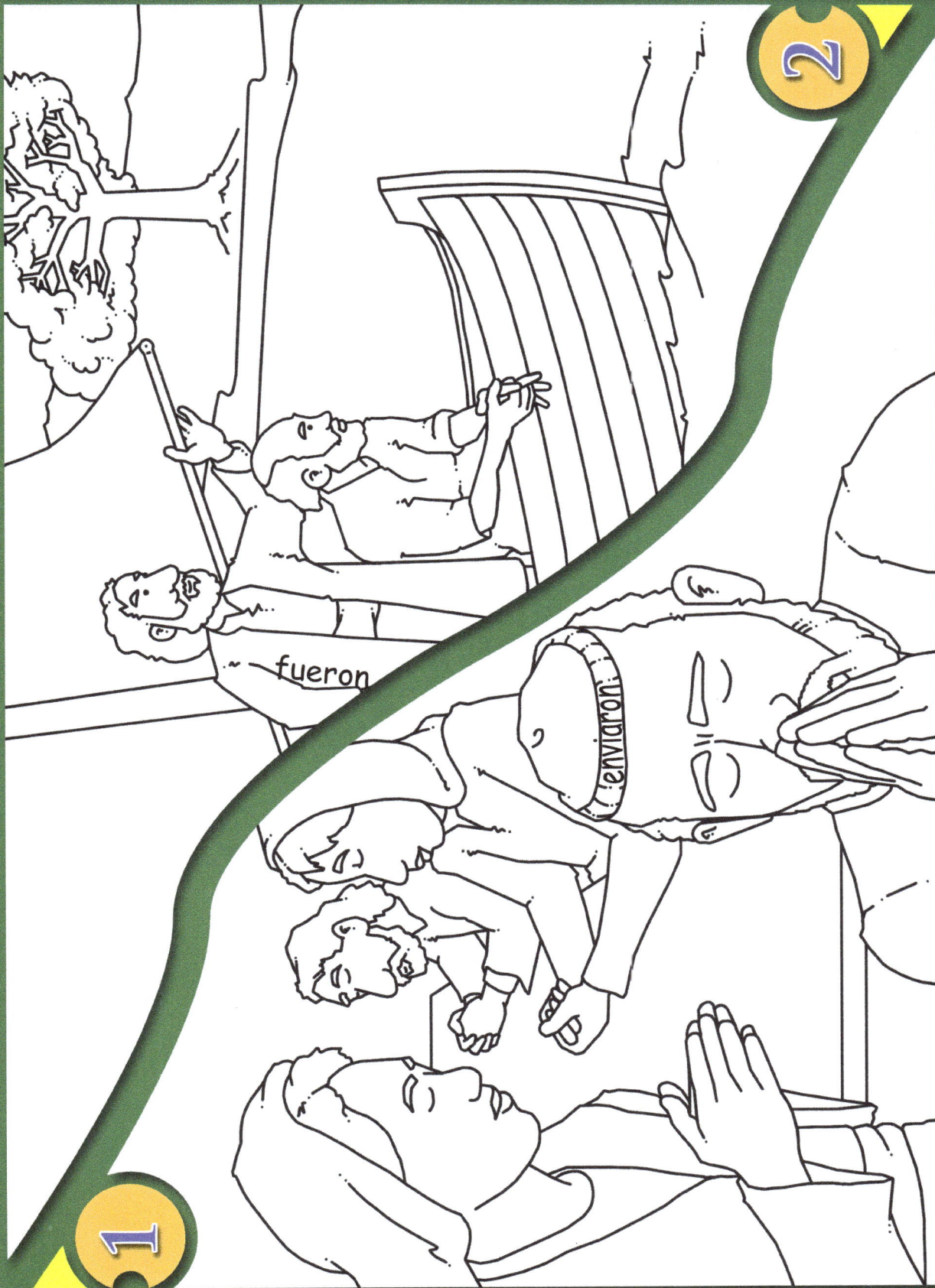

2

1

1. Los Cristianos en Antioquía oraron y _____

2. Pablo y Bernabé oraron y _____

fueron

enviaron

INSTRUCCIONES:
1. Colorea el dibujo. Encuentra la palabra escondida. Escribe la palabra en la oración. Lee la oración.
2. Colorea el dibujo. Encuentra la palabra escondida. Escribe la palabra en la oración. Lee la oración.

Ordena las letras de las palabras para saber cómo ayudar en las misiones. Luego lee la pregunta de abajo. Encuentra las letras que van en cada forma. Copia las letras que están en cada forma para descubrir la respuesta a la pregunta.

¡El misterio de las misiones!

CAJA DE PALABRAS:

- ORA
- CUÉNTALES
- AMA
- LEE
- DA
- PÍDELE

1. _ _ _ _ _ _ _ _ _ a las personas acerca del amor de Dios.

2. _ _ _ acerca del trabajo de los misioneros.

3. _ _ _ por otros cada día.

4. _ _ para ayudar a otros.

5. _ _ _ a todas las personas.

6. _ _ _ _ _ _ a Dios que te guíe

Títeres de papel

Vegetales

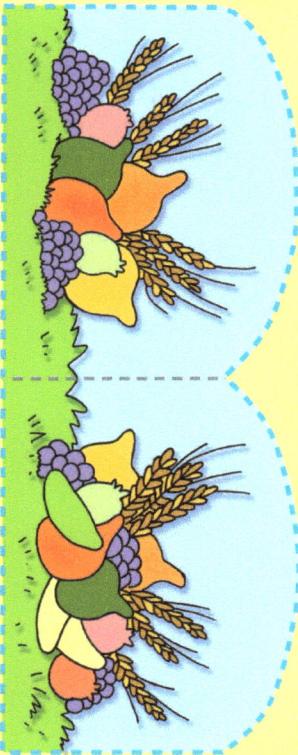

Abel

Oveja

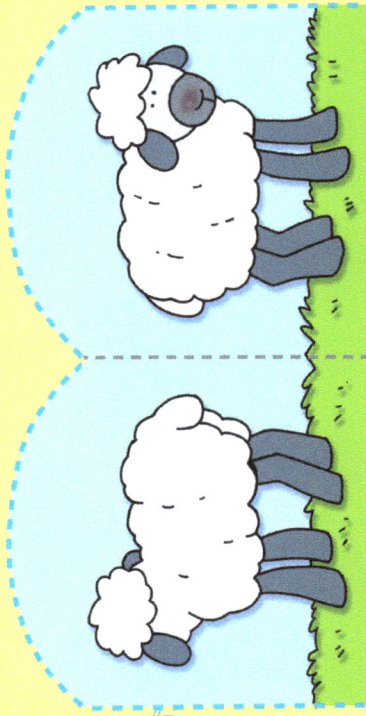

Corta los 4 títeres.

Caín

Maestro: Necesitará 4 palitos o paletas de helado de madera para cada niño.

INSTRUCCIONES:

1. Corta los 4 títeres.
2. Coloca pegamento en la parte de atrás de las imágenes.
3. Coloca un palito de madera en el centro y detrás de cada títere. Deja 5 cm. del palito debajo del títere para poder sostenerlo.
4. Dobla cada títere. Presiona para que se pegue bien.
5. Usa los títeres para contar la historia bíblica.

Decide obedecer

Obedecer significa hacer lo que Dios quiere que hagamos.

¡Comamos galletas!

¡Mamá dijo que "No"!

GALLETAS

Corta los 4 rompecabezas (ver lado de atrás). Recorta las piezas y luego intenta armarlos. Responde las siguientes preguntas:

◆ ¿Cómo decidió Noe **obedecer** a Dios?
◆ ¿Cómo puedes **obedecer** en la escuela?
◆ ¿Cómo puedes **obedecer** en casa?

Piensa en algo que podrías hacer esta semana para **obedecer** a Dios.

Yo puedo escoger **obedecer** a Dios.

Yo puedo escoger **obedecer** a Dios.

Yo puedo escoger **obedecer** a Dios.

Yo puedo escoger **obedecer** a Dios.

Coloca cada rompecabezas en una bolsa para llevar a casa.

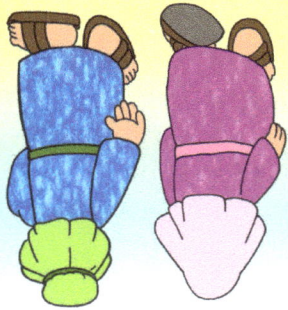

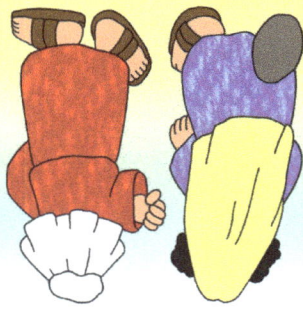

Corta por las líneas de puntos azules y dobla por las líneas grises para que se paren las figuras.

¡Dios salva a Noé!

"De Jehová, nuestro Dios, es el tener misericordia y el perdonar" (Daniel 9:9).

Dobla hacia atrás y pega en una esquina de adentro de la caja de zapatos.

Dobla hacia atrás y pega en una esquina de adentro de la caja de zapatos.

INSTRUCCIONES PARA EL MAESTRO:

1. Entregue a cada niño una caja de zapatos con tapa, 2 cartulinas de 30 cm. x 45 cm. (una verde y una celeste) y tijeras.
2. Ayúdelos a cortar todo y armar la caja como se ve en la imagen.
3. Mientras arman sus maquetas, anime a sus niños a contar la historia de cómo Dios salvó a Noé, a su familia y a los animales.
4. Pídales a los niños que cuenten cómo Noé obedeció a Dios durante el diluvio. Pregúnteles: ¿Cómo pueden ustedes obedecer a Dios en casa, mientras juegan o en la escuela?

Un arco iris con promesa

Dios les hizo una promesa a Noé y a todas las personas. ¿Sabes cuál es esa promesa?

¡Dios cumple sus promesas!

"Mi arco he puesto en las nubes, el cual será por señal de mi pacto con la tierra"

(Génesis 9:13).

Pega este lado debajo de A para formar un cilindro de arco iris.

79

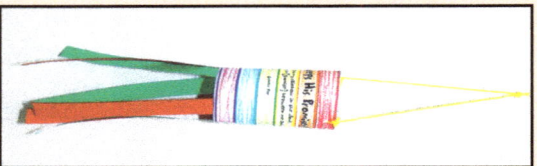

1. Pídales a los niños que coloreen el arco iris, o que le pongan brillantina o trozos de tela para decorarlo. Luego, que lo corten, doblen y peguen formando un cilindro.

2. Agujeree los puntos marcados. Pase un trozo de lana de 75 cm. por los agujeros.

3. Déle a los niños 4 cintas de diferentes colores para que peguen en la parte de abajo del cilindro.

4. Permita que cada niño lleve su móvil para colgarlo en el cuarto. Dígales: Guarden este arco iris en sus cuartos para recordar que Dios siempre cumple sus promesas. Podemos confiar en Dios porque siempre nos cuidará.

(a)

Rut

Dobla

Pega con el otro extremo

Cortar

1 1. Corta, agujerea y dobla. Pega las puntas juntas. Pasa un trozo de lana de 30 cm. a través del doblez de arriba para poder colgar el móvil. Ata un trozo de lana de 20 cm. pasándolo por el agujero (a).

Cortar

(b)

Fiel

(c)

2

2. Corta. Atraviesa la lana de (a) por el agujero (b) y átalo. Ata un trozo de lana de 20 cm. pasándolo por el agujero (c).

3. Corta y colorea el dibujo. Atraviesa la lana de (c) por (d) y átalo. Ata un trozo de lana de 20 cm. pasándolo por el agujero (e).

3

(d)

(e)

Cortar

(f)

Cortar

(g)

4

4. Corta y colorea el dibujo. Atraviesa la lana de (e) por (f) y átalo. Ata un trozo de lana de 20 cm. pasándolo por el agujero (g).

5. Corta y colorea el dibujo. Atraviesa la lana de (g) por (h) y átalo.

Cortar

5

(h)

INSTRUCCIONES:
1. Sigue las instrucciones de la página anterior para cortar, agujerear y armar el móvil.
2. Lee las palabras "Yo puedo ser fiel a Dios". ¿Qué significa ser fiel? ¿Rut fue una mujer fiel? ¿Cómo puedes tú ser fiel?

Yo

Se puede confiar en una persona *fiel*. Dios es *fiel*. Dios espera que su pueblo sea *fiel* a él y a otras personas.

fiel a Dios

puedo ser

Booz se casa con Rut

Cortar ✂

Dobla hacia abajo

Dobla

Dobla hacia adelante

Dobla hacia abajo

Cortar ✂

Cortar ✂

Booz rescata a Rut

INSTRUCCIONES:

1. Corta y dobla la tarjeta. Dobla al bebé Obed hacia adentro de la tarjeta para que aparezca cuando se abra.
2. Lee el frente de la tarjeta.
3. Abre la tarjeta. ¿Quién era el bebé Obed?
4. Mira la parte de atrás de la tarjeta. Ora y firma con tu nombre. Prométele a Dios que lo obedecerás.

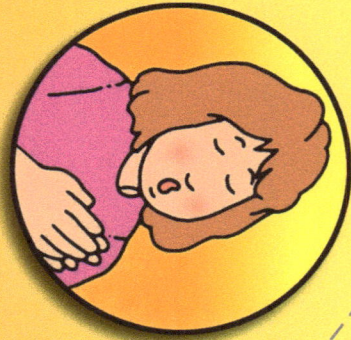

Querido Dios,

Por favor ayúdame a ser fiel.

Ayúdame a ayudar a otros.

Con amor, _____

Tu Nombre

Booz fue fiel. Booz obedeció a Dios. Dios usó a Booz para cuidar a Rut y Noemí. Booz hizo muchas cosas buenas.

Cortar

Ana oró

Dios respondió

Dobla hacia adelante

Dobla hacia atrás

Ana   dio

Cortar

Instrucciones: Corta las imágenes de la Sección Recortable 4 (SR4 H). Pégalas en esta hoja. Dobla este dibujo. Dobla 1 hacia delante. Dobla 2 hacia atrás. Abre cada escena. Observa cómo Ana fue fiel. Tú también puedes ser fiel.

Ana hizo un sacrificio. Samuel era importante para Ana y ella se lo entregó a Dios. Tú también puedes darle cosas importantes a Dios.

Confío en Dios cuando oro.

Yo puedo orar.

Para tu puerta

Cuando escuchamos a Dios fielmente, eso nos ayuda a saber lo que Él quiere que hagamos.

Cortar

Cortar

Cortar

Corta esta puerta para colgarla en la puerta de tu habitación.

1. Corta el colgante para tu puerta. Colorea ambos lados.
2. Cuenta la historia bíblica de Samuel.
3. Cuélgalo en la puerta de tu habitación.
4. Colócalo del lado que dice que estás "escuchando a Dios" en los momentos que quieras estar a solas para hablar con Dios.

Yo voy a escuchar a Dios.

Por favor

déjame hablar

con Dios ahora.

un gran trabajo

"en las tribulaciones" (Salmo 46:1)

a Moisés

amparo y fortaleza, nuestro pronto

Dios le da

es nuestro

Dios
nos
ayuda
a hacer

lo
que
Dios
pide que
hagamos.

Corta por las líneas azules.
Dobla por las líneas grises.

Coloca pegamento aquí.

Corta por las líneas azules.
Dobla por las líneas grises.

Coloca pegamento aquí.

Salvados en el Mar Rojo

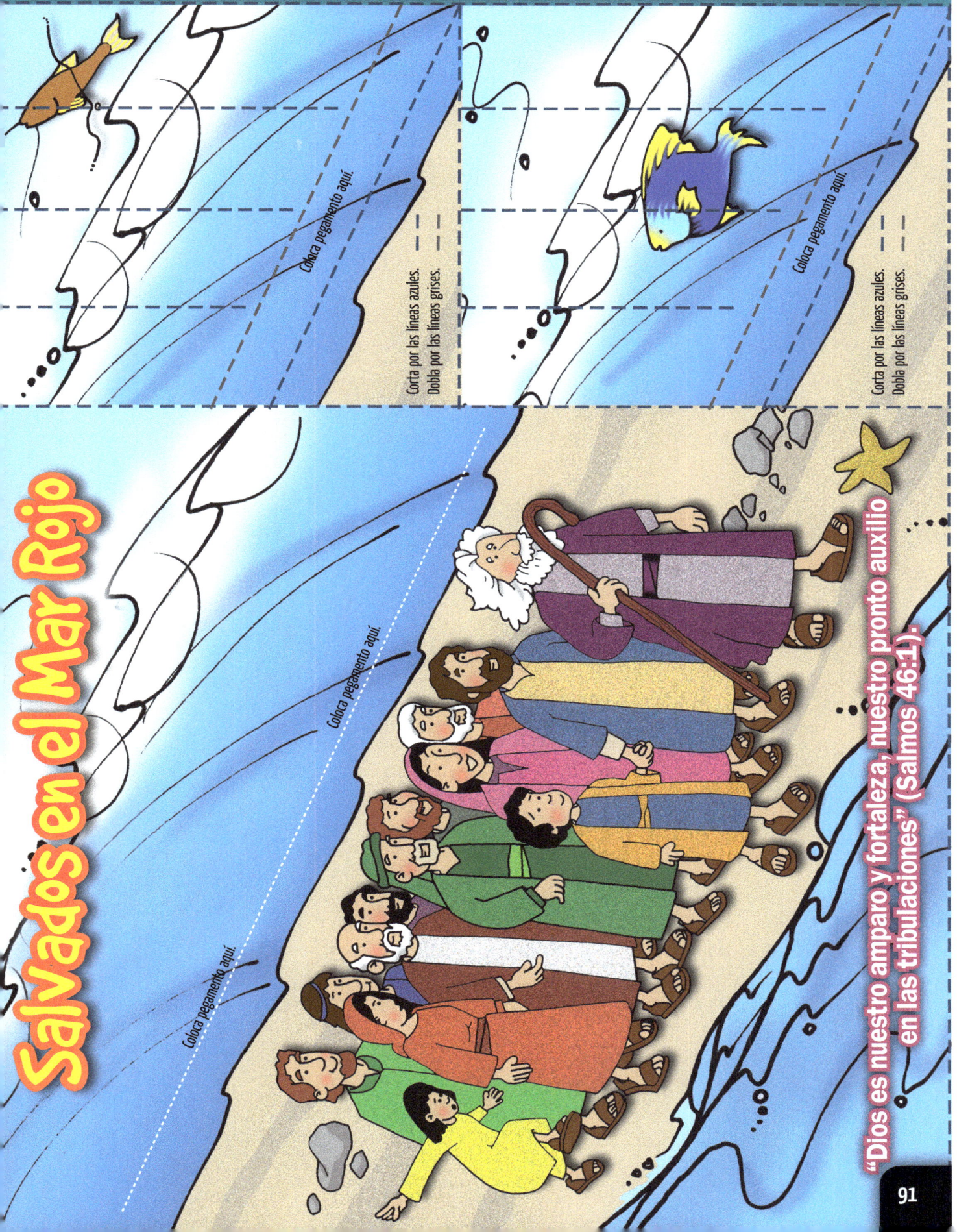

Coloca pegamento aquí.

Coloca pegamento aquí.

"Dios es nuestro amparo y fortaleza, nuestro pronto auxilio en las tribulaciones" (Salmos 46:1).

Una historia para completar

Coloca las palabras del cuadro en los lugares correctos.
Luego lee tu historia.

Manuel estaba _____. María estaba triste.

La mamá estaba enferma.

El papá dijo: "_____ tiene el poder para

ayudar a mamá". Manuel, María y el papá _____

por la mamá.

"Por favor Dios, ayuda a mamá a _____", dijeron.

La mamá no se sanó rápidamente. Manuel, María y el papá

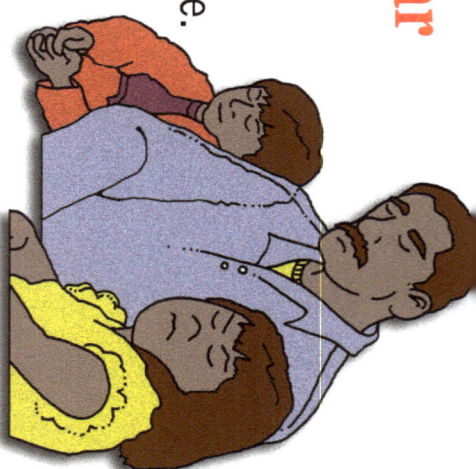

continuaron orando. Un día el papá trajo buenas noticias:

"Mamá está mucho mejor, sanará pronto".

"Estoy contento de que Dios tiene el _____

para ayudarnos", dijo Manuel.

"¡Gracias Señor!" dijeron Manuel,

María y el papá.

PALABRAS

poder
oraron
triste
Dios
sanar

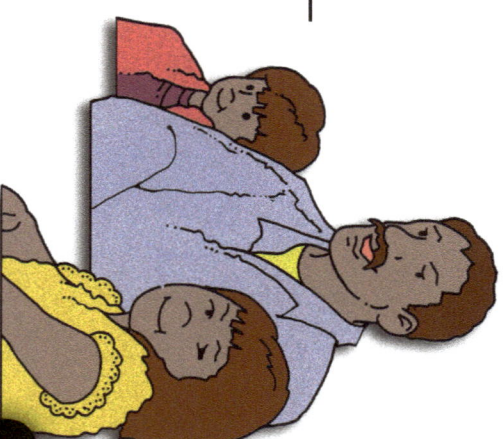

Dios me provee

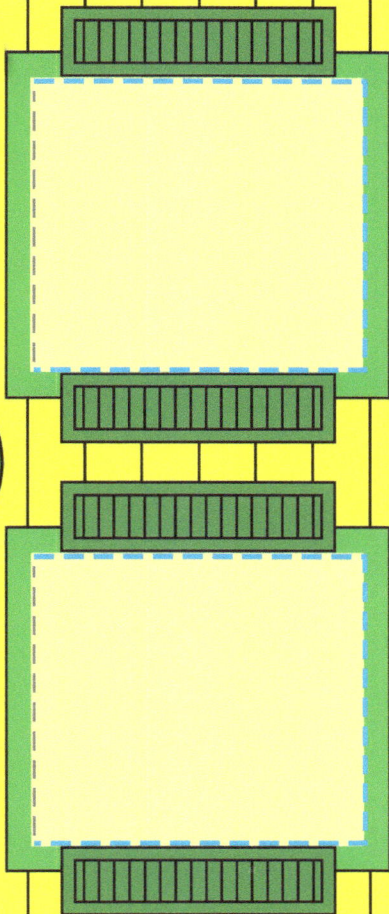

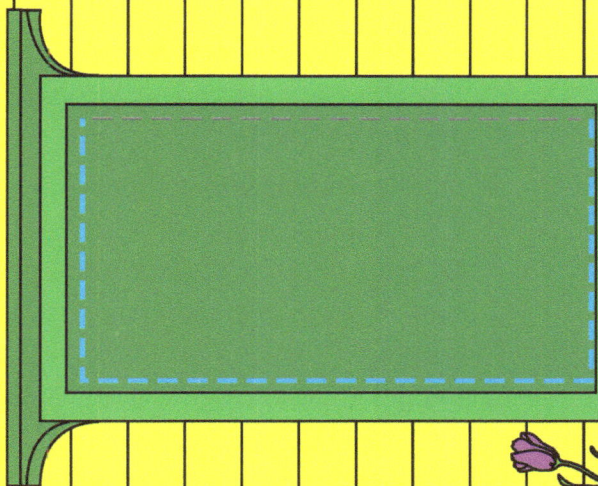

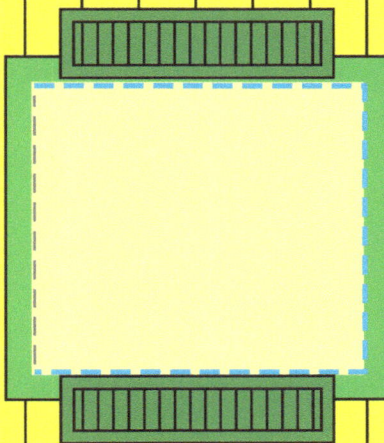

Corta por las líneas azules.
Dobla por las líneas grises.

¿Qué más nos ha provisto Dios?

Dibuja otras cosas que Dios te dio.

G_____ Dios

por las cosas

que

n_____

d_____

Instrucciones:

1. Recorta el contorno de la casa.
2. Recorta las ventanas y la puerta por las líneas azules.
3. Dobla la casa por la línea gris.
4. Coloca pegamento en el lado derecho de esta página. Presiona las dos partes de la casa para que queden juntas.
5. Levanta las ventanas y abre la puerta para ver lo que Dios te provee.
6. Atrás de la casa dibuja otras cosas que Dios te da.
7. Completa la oración con las palabras correspondientes.

Coloca pegamento aquí.

Podemos confiar

Observa las instrucciones detrás de esta hoja.

Necesitarás:
- Un plato de papel de color
- Alambre fino

Corta las piezas del rompecabezas.

Ester confió en que Dios le daría el valor para ayudar a su pueblo.

Yo puedo confiar en _____ en todo momento cuando necesito ayuda.

INSTRUCCIONES:

1. Corta el rompecabezas y el mensaje. ¿En quién puedes confiar para que te ayude? Pega el mensaje en la parte de color del plato.

2. Corta las diez piezas del rompecabezas. Arma el rompecabezas y pégalo en el otro lado del plato.

3. Si lo deseas, corta flecos en el borde del plato. Usa un lápiz para enrular los flecos.

4. Haz dos agujeros en la parte de arriba del plato. Atraviesa un alambre fino o un hilo por los agujeros, como se ve en la imagen.

5. Cuelga este cuadro en tu habitación. Recuerda que Ester oró para pedir la ayuda de Dios. Tú también puedes pedir la ayuda de Dios cuando pasas por momentos difíciles.

Ayuda a Ester

Instrucciones:
1. Recorta las 4 letras de la página Sección Recortable 1 (SR1 B). Pégalas en orden en el título. ¿Quién ayudó a Ester?
2. Recorta los 6 dibujos con palabras. Pega los dibujos en la historia en el orden correcto. Lee la historia bíblica.

Cortar ✂

La reina Ester pidió tener una  .

 dijo: "Estoy en peligro".

Ester señaló a  . "Amán me quiere matar a mí y a todo mi pueblo", dijo Ester.

"Maten a Amán", dijo el  .

El  de Ester estaba a salvo.

Todos en la cuidad de  tuvieron una gran fiesta.

¡El gran poder de Dios!

Usa las palabras del cuadro para completar las oraciones.

1. ▮▮▮▮ trabajó por medio de Ester para salvar a su pueblo.

2. El ▮▮▮▮▮ de Dios puede trabajar por medio de mí.

3. Puedo ▮▮▮▮▮▮▮ en el poder de Dios en todo momento y en cualquier lugar.

Palabras
: poder
: Dios
: confiar

El **regalo** de María y José

"De tal manera amó Dios al mundo, que ha dado a su Hijo unigénito, para que todo aquel que en él cree no se pierda, sino que tenga vida eterna" (Juan 3:16).

Dobla y pega.

Dobla y pega.

Dobla y pega.

Dobla y pega.

Salvador

Un **salvador** libera a las personas de algo malo. Jesús es nuestro **Salvador**. Él vino al mundo para mostrarnos el amor de Dios. Él murió para librarnos del pecado.

Era obedecer a Dios

Instrucciones:

1. Primero completa las palabras de atrás de la lámina.
2. Corta el cubo y la tarjeta por las líneas azules.
3. Dóblalo por las líneas grises.
4. Pega las solapas para armar el cubo.
5. Guarda la tarjeta dentro del cubo.
6. Haz un anillo de cinta adhesiva. Colócalo en la parte de abajo de la solapa de la tapa del cubo. Pega la tapa del cubo.
7. Usa el cubo y la tarjeta para mostrarle a otros el regalo que José y María le hicieron a Dios.

Tú también puedes hacerle a Dios el regalo de obedecer.

Para: Dios
De: José y María

Cortar

Coloca el anillo de
cinta adhesiva aquí.

S _ _ _ _ _ _ _

O _ _ _ _ _ _ _ _

M _ _ _ _

J _ _ _

BEBÉ

J _ _ _ _ _

A _ _ _ _ _

Ellos formaban
parte del
plan de Dios
para recibir al
Salvador.

María y José
obedecieron a
Dios.

Palabras

Salvador

Obedecer

María

José

Jesús

Ángel

Arma la escena de Navidad. Usa esta página y las figuras de la Sección Recortable. Cuenta cómo nació Jesús.

"En esto se mostró el amor de Dios para con nosotros: en que Dios envió a su Hijo unigénito al mundo para que vivamos por él" (1 Juan 4:9).

Cortar

Cortar

Cortar

Ora

Querido Dios, sé que te desobedecí. Te pido perdón. Quiero cambiar. Gracias por enviar a Jesús para que sea mi Salvador. Por favor, perdóname. Ahora creo que Jesús es mi Salvador. Ayúdame a obedecerte. Gracias, Señor.

Jesús es nuestro Salvador

Jesús vino al mundo como un bebé. Jesús creció. Él ayudó a las personas a conocer el amor de Dios. Después Jesús murió en la cruz. Hizo todo esto para que pudiéramos ser perdonados por nuestros malos actos. Así es como Jesús puede ser tu Salvador.

Admite que has pecado. (Dile a Dios que lo desobedeciste e hiciste cosas malas). Romanos 3:23; 1 Juan 1:9.

Cree que Dios te ama. Él envió a su Hijo, Jesús, para que sea tu Salvador. Pídele a Dios que te perdone. Recibe su perdón (Juan 3:16; Hechos 16:31).

Confiesa a Jesús como tu Salvador. Ama a Dios. Sigue a Jesús (Juan 1:12; Romanos 10:13).

"**De** tal manera amó Dios al mundo, que ha dado a su Hijo unigénito, para que todo aquel que en él cree no se pierda, sino que tenga vida eterna" (Juan 3:16).

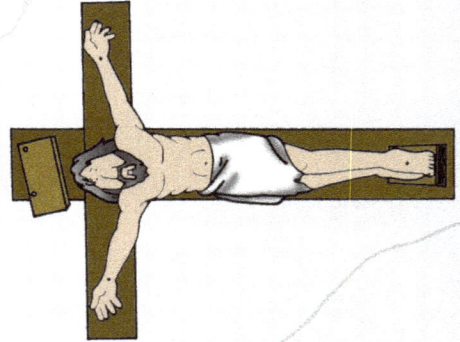

Agrega el ángel en el centro, arriba.

Cortar ✂

Dobla

Cortar ✂

Dobla

103

Los regalos de los pastores

Los pastores estaban cuidando a sus ovejas una noche. De repente el cielo se llenó de luz. "Un ángel apareció. Los pastores tenían miedo. "No tengan miedo", dijo el ángel. "Traigo buenas nuevas para todo el pueblo: ¡Hoy ha nacido un Salvador, que es Cristo, el Señor! Encontrarán al niño envuelto en pañales y acostado en un pesebre".

De repente, el cielo se llenó de ángeles. Todos cantaban "Gloria a Dios. ¡Paz en la tierra!" Después los ángeles se fueron. Los pastores dijeron: "Vamos a ver a este bebé". Fueron a Belén. Encontraron el establo donde estaba Jesús. María y José estaban allí. Jesús estaba en un pesebre. "Alabado sea Dios", dijeron los pastores. Los pastores ofrecieron regalos en esta primera Navidad. Ellos alabaron a Dios y contaron las buenas nuevas.

"De tal manera amó Dios al mundo, que ha dado a su Hijo unigénito, para que todo aquel que en él cree no se pierda, sino que tenga vida eterna" (Juan 3:16).

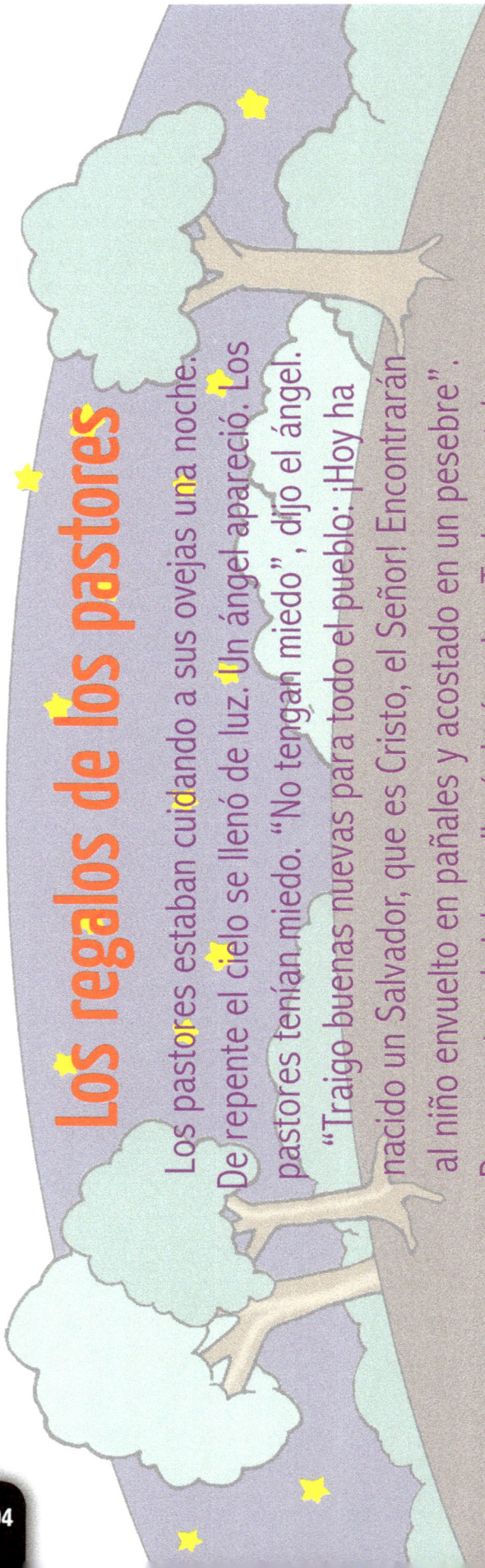

Decora un árbol de Navidad

Dile

Ayuda

Ora

Obedece

cada día.

a Jesús
que lo
amas.

lo que Jesús te pide.

a otros
cuando puedas.

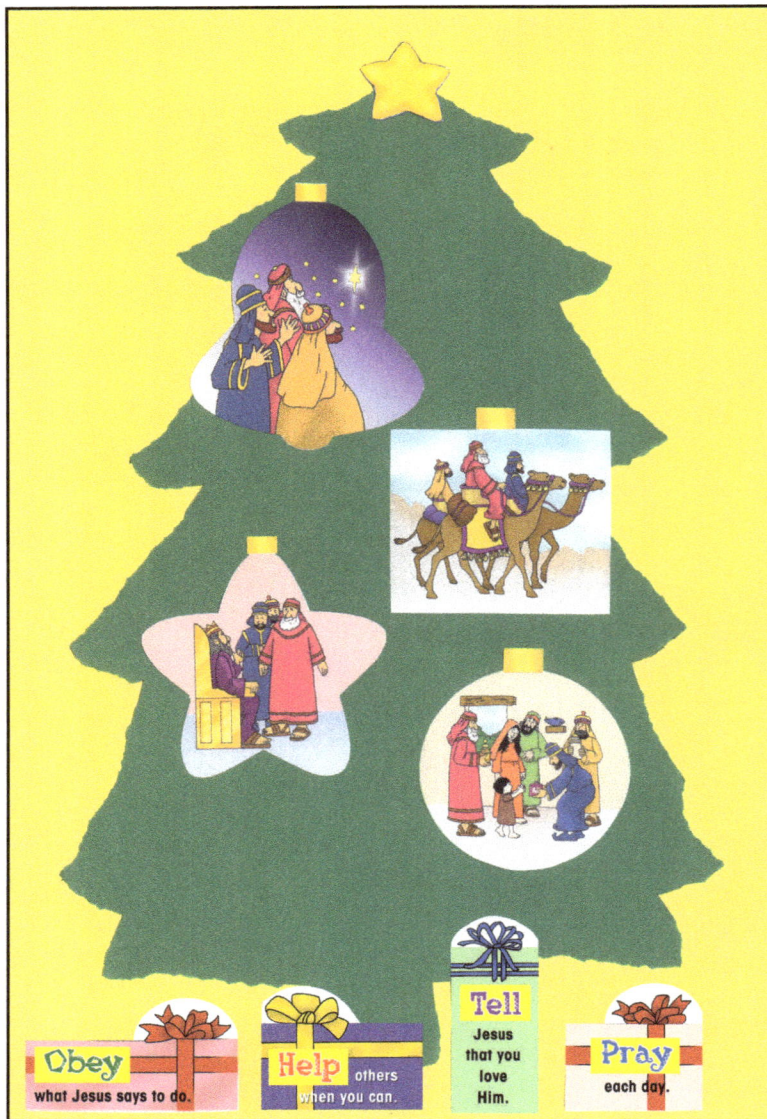

1. Corta un árbol de Navidad en una cartulina verde de 30 x 45 cm.
2. Pega el árbol en una cartulina de otro color y del mismo tamaño.
3. Corta los adornos.
4. Pégalos en el árbol en orden para poder contar la historia.
5. Pega la estrella en la parte de arriba.
6. Corta los regalos y las palabras.
7. Pega cada palabra en el regalo correspondiente.
8. Pega los regalos en la parte de abajo del árbol.
9. Agrega otras cosas al árbol, si lo deseas.
10. Muéstrale el trabajo terminado a tu familia. Habla de otras formas en las que tú y tu familia pueden alabar a Jesús.

Salvador es una **palabra importante**. Un **salvador** libera a las personas de algo malo. Jesús es nuestro **Salvador**. Él vino a la tierra para mostrarnos el amor de Dios. Él murió para librarnos de nuestros pecados.

Alabar es otra **palabra importante**. **Alabar** es decirle y mostrarle a Dios que lo amamos más que a nadie y más que a cualquier otra cosa.

¿Cómo **alabaron** a Jesús, el **Salvador**, los sabios del oriente?

1

2

3

5

Cortar ✂

4

Corta las 5 figuras de Pedro y Jesús, para la lección 8.

Corta las 4 letras "DIOS" para la lección 47.

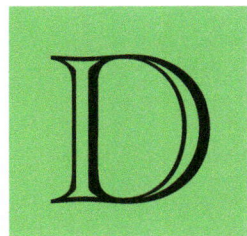

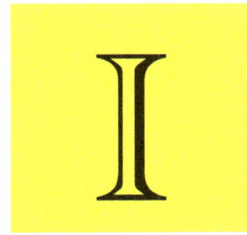

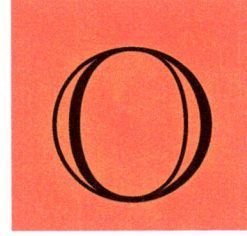

Texto bíblico Unidad 3.

Texto bíblico Unidad 2.

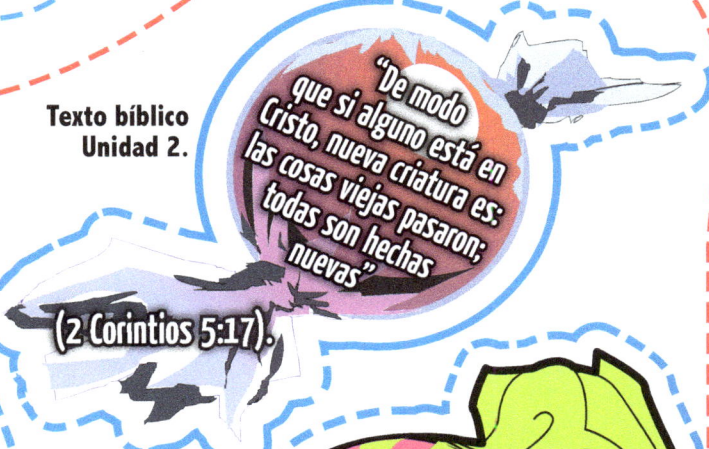

"De modo que si alguno está en Cristo, nueva criatura es: las cosas viejas pasaron; todas son hechas nuevas" (2 Corintios 5:17).

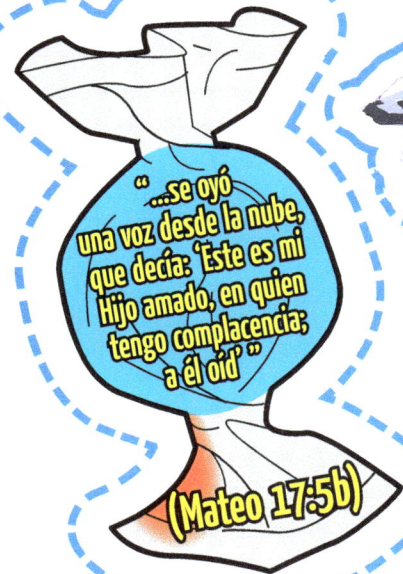

"...se oyó una voz desde la nube, que decía: 'Este es mi Hijo amado, en quien tengo complacencia; a él oíd'" (Mateo 17:5b).

Texto bíblico Unidad 4.

"A este Jesús resucitó Dios, de lo cual todos nosotros somos testigos" (Hechos 2:32).

Texto bíblico Unidad 6.

"Jehová, tu Dios, estará contigo dondequiera que vayas" (Josué 1:9b).

Texto bíblico Unidad 8.

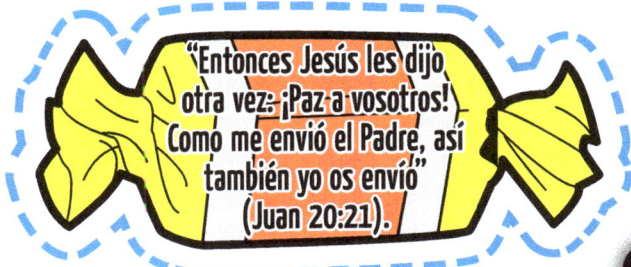

"Entonces Jesús les dijo otra vez: ¡Paz a vosotros! Como me envió el Padre, así también yo os envío" (Juan 20:21).

(SR2A) Corta las imágenes de las mujeres llorando y de la gente enojada, para la lección 13.

(SR2C) Corta los mandamientos para la lección 16.

No mientas 9
No mientas 9
No codicies 10
No codicies 10

(SR2F) Corta los 6 huevos con el texto para memorizar de la Unidad IV; lecciones 13, 14 y 15.

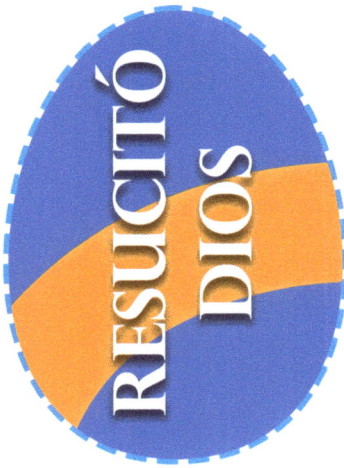

"SOMOS TESTIGOS" (HECHOS 2:32)

"A ESTE

DE LO CUAL

RESUCITÓ DIOS

TODOS NOSOTROS

JESÚS

109

Texto bíblico Unidad 1.

"Y Jesús crecía en sabiduría, en estatura, y en gracia para con Dios y los hombres" (Lucas 2:52).

Texto bíblico Unidad 7.

"El que tiene mis mandamientos y los guarda, ese es el que me ama" Juan 14:21

Instrucciones: Corta el frasco de dulces. Pega el frasco en una cartulina más grande. Escribe tu nombre en la cartulina. Agrega cada dulce con el versículo de la unidad que aprendas. No todos los dulces entrarán en el frasco, pero los puedes desparramar por los costados del frasco.

Nota: Maestro, permita que los niños corten sus propias figuras para cada actividad.

Usa esta actividad de los dulces para todas las unidades excepto la Unidad IV, en la que se usarán huevos de Pascua.

Cortar ✂

Corta estas figuras para la lección 41.

Cortar ✂

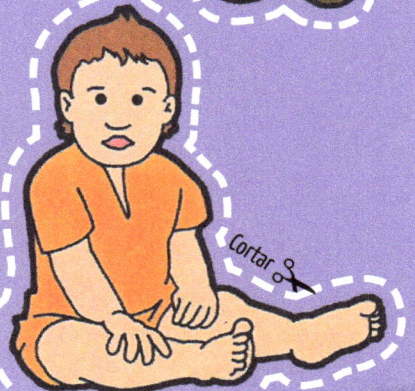

Cortar ✂

Cortar ✂

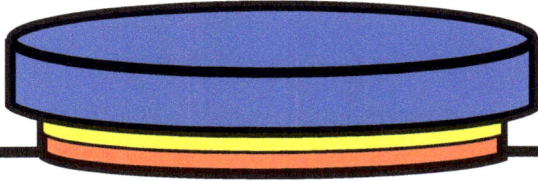

Cortar ✂

Recortables de Navidad

Ángel

Pastor

Bebé Jesús

Usar en la lección 50. Corta las figuras para las actividades de las lecciones 49 y 50.

Usar en la lección 49. Corta las figuras para las actividades de las lecciones 49 y 50.

Pastor

María

José

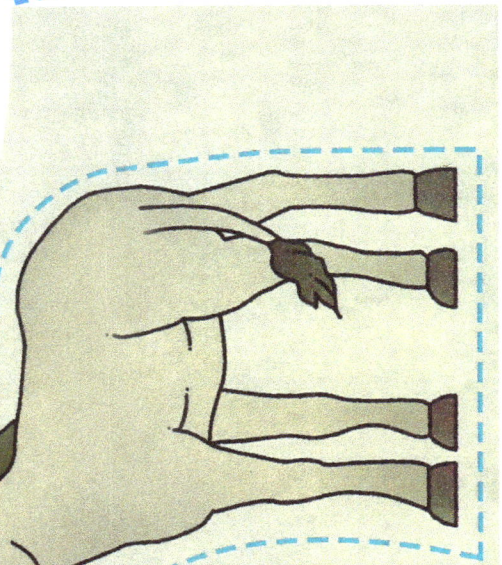

**Texto bíblico
Unidad 5.**

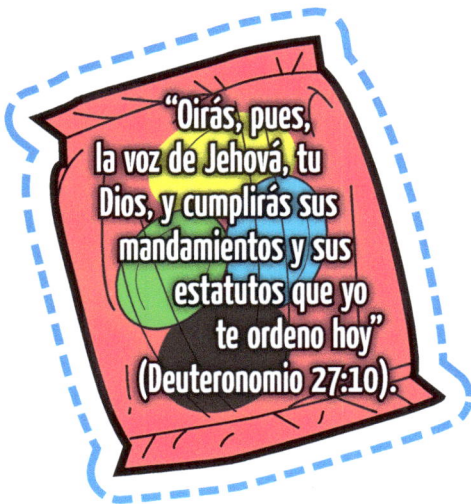

"Oirás, pues, la voz de Jehová, tu Dios, y cumplirás sus mandamientos y sus estatutos que yo te ordeno hoy" (Deuteronomio 27:10).

**Texto bíblico
Unidad 9.**

"De Jehová, nuestro Dios, es el tener misericordia y el perdonar" (Daniel 9:9a).

**Texto bíblico
Unidad 10.**

"Solamente temed a Jehová y servidle de verdad con todo vuestro corazón..." (1 Samuel 12:24a).

**Texto bíblico
Unidad 11.**

"Dios es nuestro amparo y fortaleza, nuestro pronto auxilio en las tribulaciones" (Salmos 46:1).

**Texto bíblico
Unidad 12.**

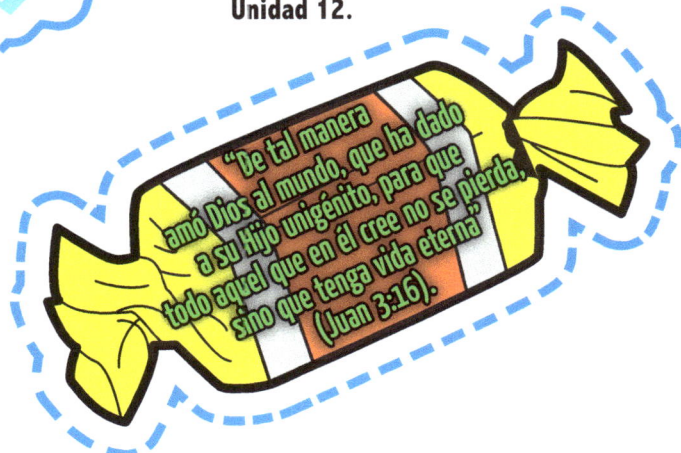

"De tal manera amó Dios al mundo, que ha dado a su Hijo unigénito, para que todo aquel que en él cree no se pierda, sino que tenga vida eterna" (Juan 3:16).